El centre educatiu de dol

El centre educatiu de dol

Guia per afrontar la mort, el dol i les pèrdues
en els centres educatius

ÀNGELS MIRET RIAL

Tarannà

1a edició, juny 2016

Editat per:
© Tarannà Edicions
C/ Numància, 207, 1r 1a
08034 - Barcelona
Tel/Fax: 93 280 03 90
www.taranna.es
c/e: info@taranna.es

ISBN per a l'edició de paper: 978-84-943548-9-2
ISBN per a l'edició en ebook: 978-84-945608-0-4
Dipòsit legal: B 12017-2016
Imprès a:

A la Jana i a en Pol
que han inspirat aquesta publicació.

A tots els nens i nenes que viuen
per sempre en el nostre cor.

Querida Àngels,

Me permito escribirte de esta forma abierta y compartida para darte las gracias. Cuán importante es conocer ese mundo frágil pero a la vez fuerte del niño y fuerte pero a la vez frágil del adolescente, que ante la pérdida de posiblemente una de las personas que más ha querido y que va a seguir necesitando, de pronto -porque siempre es demasiado pronto- se queda sin.

Los "mayores" muchas veces nos encontramos con la difícil tarea de saber acompañar, animar, apoyar y afirmar para que ese ser pueda a su vez sacar su propia fuerza y sentir que ha podido con posiblemente lo más importante que le haya podido pasar.
Tu enfoque facilita que podamos estar sin "meter la pata" y sentirnos no solo útiles, sino capaces de poder inspirar a quienes buscan y necesitan la confirmación de que van a poder, y que puedan además hacerlo de la mejor forma posible.

Un fuerte abrazo,
Anji Carmelo

El llibre que teniu a les mans tracta sobre com afrontar el dol, la mort i les pèrdues a l'escola des de la perspectiva d'una mestra que s'ha format voluntàriament en aquest tema -per tant ben preparada- i que ha estat aplicant les orientacions que hi trobareu en diverses situacions, totes elles ben difícils de gestionar, que s'han produït a diferents escoles de l'àmbit de la demarcació de Girona en els darrers anys. L'actuació professional ha anat complementada amb la coordinació d'un grup de treball de referents de dol format per diferents professionals dels EAP.

Per tant, el que trobareu a dins d'aquestes pàgines són les paraules amb les quals l'Àngels ens planteja, des de la pràctica, diferents formes d'intervenció per als mestres i professors en l'acompanyament emocional dels seus alumnes davant d'experiències vitals com la mort d'una persona estimada (un familiar, un amic, un docent...), una malaltia greu o altres pèrdues significatives.

L'enfocament que trobareu en aquesta guia és, al meu entendre, excel·lent, i la sensibilitat i delicadesa que es percep en el tractament d'aquest tema, que com tots sabem és summament delicat i complex, és extraordinària. Per tant, la meva enhorabona per la feina que recull aquesta publicació i el meu agraïment ben sincer a l'Àngels per la seva contribució.

Josep Polanco López
Director dels Serveis Territorials d'Ensenyament a Girona

Índex

Agraïments

- A l'Eduard Baulida i la Margarida Palomeras, pare i mare de la Jana.

- A la Nines Agüero i en Lluís Xargay, mare i pare d'en Pol.

Gràcies per ensenyar-nos tant!

- A les germanes de la Jana: la Berta, la Nora i la Rita, i a la germana i el germà d'en Pol: la Tura i l'Aniol.

- Al claustre de mestres, a les famílies, al personal no docent i, sobretot, als nens i nenes de l'Escola L'Aulet de Celrà, que van viure el dolor d'acomiadar la Jana i en Pol.

- A l'Alba Payàs, per ajudar-nos a trobar el camí per transitar per tant dolor. I un agraïment molt especial a nivell personal per tot el que m'ha ensenyat, per encoratjar-me a preparar aquest material i pel seu pròleg.

- A l'Anji Carmelo per posar llum, paraules i saviesa a tantes situacions difícils.

- A la Dolors Carrera, que sempre troba les paraules adequades, i a l'Assun Balló, per ser-hi en moments tan difícils.

- A en Bernat Saguer; a la Montse Felip i l'Àlex Saguer; a la Sira Sureda; a l'Anna Perramon; a la Lourdes Ruiz; a la Sònia Artacho i la Teresa Díez; a en Carles G i a la Clara Sales per posar paraules a les seves pèrdues.

- A en Quim Paredes, familiar de la Jana, que ens va gravar i editar els dos comiats amb una gran delicadesa i sensibilitat.

- A l'editor Jaume Salinas per l'interès en publicar aquest llibre.

- A totes les persones que dediquen una part del seu temps a acompanyar en el dolor.

També:

- Als Serveis Territorials del Departament d'Ensenyament de Girona.

- Als Serveis Educatius del Departament d'Ensenyament.

- Als centres educatius següents per la confiança de permetre'm acompanyar-los en moments de molt dolor per la mort d'una persona de la comunitat educativa. La diversitat i complexitat de molts casos, les consultes i dubtes que hem anat comentant al llarg de les sessions, han anat perfilant la publicació que teniu a les mans:

Escola Quermany de Pals; CEE Els Àngels, de Palamós; Escola Ruiz Giménez, de Palamós; Escola El Portitxol, de L'Estartit; Escola Pi Verd, de Palafrugell; Escola Terraprims, de Camallera; ZER Tramutana (Alt Empordà); ZER Empordanet-Gavarres (Baix Empordà); Escola Pere Rosselló, de Calonge; Escola Mas Clarà, de la Bisbal; Escola La Draga, de Banyoles; Escola Alzina Reclamadora, de Fontcoberta; Escola Carles de Fortuny, d'Esponellà; Escola Auró, de Barcelona; Institut de la Bisbal d'Empordà; Escola L'Aldric, de Cassà de la Selva; Institut Pere Alsius, de Banyoles; Escola Vedruna, de Palafrugell; Col·legi Montessori-Palau, de Girona; Escola Baldiri Reixach, de Sant Feliu de Guíxols; Escola Cor de Maria, d'Olot; Escola Dr. Arruga, de Begur; Escola Sol i Vent, de Vilafant; Institut Narcís Monturiol, de Figueres; Escola Vedruna Gràcia, de Barcelona; Escola Annexa-Joan Puigvert, de Girona; Escola Carrilet, de Palafrugell; Escola Sant Jordi, de Bonmatí...

- I un agraïment especial a les famílies que han assistit a sessions específiques organitzades pels centres educatius o les associacions de mares i pares.

Han col·laborat en aquesta publicació:

Nines Agüero	Sira Sureda
Dolors Carrera	Anna Perramon
Bernat Saguer	Lourdes Ruiz
Monte Felip i Àlex Saguer	Teresa Díez i Sònia Artacho

Pròleg

Alba Payàs Puigarnau

És amb agraïment que escric aquests mots de presentació d'*El centre educatiu de dol,* un esforç pioner per oferir recursos pràctics, una guia i exemples reals a mestres, educadors, pares i famílies que afronten el dol a l'escola. És una recopilació essencial perquè està feta des del rigor que recull la literatura existent sobre el tema, però també des de la sensibilitat que dóna saber de primera mà el que és estar davant de la situació, i de l'expertesa d'haver acompanyat i estar acompanyant regularment en aquestes situacions que l'autora, Àngels Miret, ens va mostrant al llarg del text i dels exemples viscuts.

Des del Servei de Suport al Dol de Girona, ara ja fa gairebé més de quinze anys férem les primeres intervencions en escoles colpides per la mort d'un alumne o d'un professor. Recordo perfectament la sensació d'inseguretat d'estar assessorant des de la bona voluntat, agafant d'aquí i d'allà informació, la poca que hi havia en aquell moment, sobre com ajudar els mestres, els pares i les famílies. "¿Tanquem l'escola?"; "¿Com ho hem d'afrontar demà a les aules?"; "¿Seguim amb tot igual?"; "¿Què fem si un alumne vol parlar-ne o es desborda?". Com a experta en dol sé que l'aula s'ha de convertir en el lloc terapèutic per a l'infant o l'adolescent, i que per a aquesta tasca el mestre necessitarà tot el suport possible que l'ajudi a respondre a les diferents situacions que es trobarà i, alhora, haurà de fer de model de com una persona adulta respon davant el sofriment de les pèrdues de la vida. Aquest text, fruit del treball, la implicació i la professionalitat de l'autora, és una resposta al reclam dels mestres i professionals del dol de més formació en aquest àmbit.

L'esdeveniment més tràgic que una escola pot afrontar és la mort d'un alumne, d'un professor o el sofriment d'un infant que ha perdut un ésser estimat. Al centre del treball del dol a les escoles hi ha molt més que un paquet de consells i guies sobre com afrontar la situació tan bé com es pugui. La veritable essència d'aquesta tasca és la formació emocional dels nostres alumnes, la preparació per a la vida i les seves pèrdues, el sentit del sofriment i de les relacions i alhora la voluntat de l'escola de mostrar el model col·lectiu de com una comunitat ha de respondre davant d'aquestes situacions difícils, però alhora naturals, de la vida.

Encara em ressonen aquelles paraules d'una mare ara ja fa més de quinze anys: "L'escola ha tancat aquests dies, només un mestre ha vingut al funeral del meu fill i m'han donat les seves coses en una bossa de plàstic". Quan el sofriment i la por de viure'l o d'acompanyar-lo no ens paralitza, l'escola pot esdevenir un lloc sagrat on les famílies, els companys i la comunitat poden trobar el suport que necessiten, compartir el sofriment natural que viuen i trobar el caliu, el confort i la xarxa comunitària indispensables perquè el dol sigui tan saludable com es pugui. Aquest llibre serà sens dubte una excel·lent contribució al fet que això sigui possible.

Introducció

Les escoles i els instituts són uns espais socials vitals en la nostra societat. En aquests petits o grans edificis passen moltes coses al llarg del dia, del curs, dels anys: situacions d'aprenentatge, de convivència, de socialització, així com bons moments que recordem amb emoció i d'altres que potser preferim oblidar. Però els anys i les vivències que hem compartit (siguin bones o no tant) ens deixen una empremta emocional per a la resta de les nostres vides. I als centres escolars es viuen també moments de tristesa i de dol per diferents pèrdues, ja siguin per mort, accidents, malalties, divorcis, canvis de centre, de país, etc.

La publicació que teniu a les mans pretén ser una ajuda per a aquests moments però sobretot per conscienciar de la importància de tractar el tema de la mort, el dol i les pèrdues preventivament i amb naturalitat a les aules.

"Estem de dol" era la frase que deia a les persones alienes al centre quan venien a l'escola durant aquelles setmanes de la primavera del 2007. Era una necessitat, no podíem fer com si res no hagués passat. En només cinc setmanes, la Jana, de P3, i en Pol, de 4t, s'havien mort. Tota la comunitat educativa estava profundament trista.

Un cop dita aquesta frase, les persones podien expressar el seu condol i mostrar-se empàtiques amb nosaltres, entendre reaccions, mirades, actituds... I nosaltres, ens sentíem millor.

L'experiència viscuda s'ha anat enriquint amb el pas d'aquests anys: hem anat posant noms a les emocions, records a les vivències, paraules a les experiències...

Pel camí, hem anat aprenent d'altres pèrdues. El ventall s'ha anat obrint, com la vida.

El material que ara teniu a les mans s'ha anat coent a foc lent, com els processos de dol. Era un material molt sensible, que calia tractar amb la més gran delicadesa. També s'ha anat enriquint amb les valuoses aportacions i experiències que han anat sorgint al llarg de diversos tallers de formació per a mestres i en els assessoraments fets a diferents claustres des del 2008. Tots ells han agraït el suport rebut, que els ha ajudat a afrontar les pèrdues que han tingut. En el seu moment, el suport del Servei de Dol de Girona, i en concret l'assessorament de l'Alba Payàs, ens va ajudar a viure uns comiats (el de la Jana i el d'en Pol) que tots i totes els que els vam viure tenim gravats al nostre cor. El nostre més sincer agraïment.

L'elaboració del dol col·lectiu és un repte per a les comunitats educatives però també una oportunitat de treball emocional intens, viu, sincer... Desitgem que aquesta publicació us sigui útil.

AFRONTAR EL DOL

1. Com afrontar la mort en un centre educatiu

Res és per sempre, ni la tristesa ni la felicitat; tot el que tenim és temporal. [...] Saber que res del que tenim és per sempre ens ajuda a prendre consciència que ho podem perdre i a anticipar-nos a la pèrdua. Aquesta manera d'entendre la vida no té res de trist ni d'angoixant, al contrari, fa que tinguem un pensament encaminat a gaudir de la vida cada dia com si fos l'últim.

Xusa Serra, *I jo, també em moriré?*

1.1. Per què cal parlar de la mort a l'escola?

La primera raó i la més important és que una formació integral del nostre alumnat no pot deixar de banda parlar de la mort i el dol. D'una banda, perquè formen part de la vida i els infants i adolescents tenen dret a rebre informació, ja que el desconeixement els genera més inseguretat, por i ansietat. De l'altra, perquè sempre tenim als centres infants en dol per diferents pèrdues, i els hem de poder atendre amb els recursos necessaris de la mateixa manera que ho fem en tots els altres àmbits.

És molt important també tractar aquest tema a l'aula perquè és molt enriquidor a escala emocional. El que pensen els uns i els altres, els dubtes que es poden resoldre, les qüestions que poden plantejar... En la majoria dels casos, és un tema del qual no es parla en l'àmbit familiar, atès que des de fa unes dècades, i sobretot a les ciutats, s'ha anat amagant el fet de morir. Les famílies solen deixar els fills i filles a l'escola mentre van al tanatori o al cementiri per acomiadar un familiar i els actes fúnebres se solen celebrar en horari escolar, així que la majoria dels nostres alumnes no han vist mai una comitiva dirigint-se al cementiri, o no han anat al tanatori a acomiadar als seus familiars. I així, no tenen ocasió de fer preguntes: "Què ha passat?"; "Per què ploren?"; "On van?"; "Per què aquest cotxe porta flors?"; "Per què toquen les campanes?"...

El segon curs d'estar a l'escola unitària de la Torre d'Oristà, a finals d'octubre de 1986, va morir en David. Va ser una batzegada per a la qual no estava preparada; mai ho estem per perdre algú estimat, i menys encara quan es tracta d'una personeta de cinc anys. Recordo el gran dolor dels pares, de la família, del poble... i sobretot la naturalitat i la serenitat amb què es va viure. Mai oblidaré la tendresa de fer el darrer petó a en David, ja en somnis eterns, al seu llit de barrufets. I l'endemà, al cementiri, com vam acomiadar-nos d'ell amb els seus companys d'escola. I la vida va continuar sense ell, però sempre present, com ho ha estat fins ara.

En general, però, els infants no tenen ocasió de veure la naturalitat de la mort, com és veure la persona morta, les manifestacions externes de dol o tenir l'oportunitat de participar en els rituals de la seva cultura per acomiadar una persona estimada. En canvi, des del sofà de casa, els nostres infants i adolescents veuen com la televisió bombardeja a qualsevol hora amb notícies de guerres, enfrontaments armats, saquejos, maltractaments..., i al mateix temps veuen pel·lícules o sèries televisives on la violència i els assassinats són els protagonistes. Les persones mortes o ferides s'escampen arreu, siguin reals o fictícies. A aquestes s'afegeixen les notícies de desastres naturals: terratrèmols,

Dolç infant que ara tens son, procura relaxar-te.
Demà no cal anar a l'escola a estudiar, que ja et vindran a veure.

I és que tan bé t'has portat que la mare i el pare s'esforcen per
calmar tantíssima gent que ve a felicitar-te.

I avui encara ets el que un dia vas ser. I la teva vida és eterna.
I et coneixerem amb fotos de calaix aquells que no et vam poder veure.

Com poder imaginar l'orgull inesgotable, aquell que ve amb la sang.
Podem, amb desconeixement, fins i tot estimar-te.

I avui encara ets el que un dia vas ser. La teva vida és eterna.
I et coneixerem amb fotos de calaix aquells que no et vam poder veure.

Nyandú, *Fotos de calaix*, del disc *L'origen de les absències*.
(La Torre d'Oristà, 2012)

---

tsunamis, inundacions, tornados... Aquesta convivència diària amb imatges de terror, mort o desgràcia afecta de diferents maneres les nostres criatures, i és fàcil imaginar que poden confondre fàcilment la realitat amb la ficció.

1.2. Per què costa tant parlar de la mort?

En la majoria dels casos la mort, en els centres educatius, agafa de sorpresa. Pocs són els casos en què es treballa de forma preventiva, i més pocs encara els centres que tenen un pautes d'actuació o unes orientacions que prevegin els diferents casos amb què és poden trobar.

Podem afirmar que no hi ha un sol centre escolar que no tingui alguna persona de la comunitat que no estigui passant un dol. En els darrers anys, es demana als docents que preparin el seu alumnat per afrontar diferents aspectes de la vida a través de programacions educatives, com ara la convivència, l'educació emocional, la sexualitat, el medi ambient, el reciclatge, la salut, les drogues, l'alimentació... Però no sobre com afrontar la mort i el dol, ja sigui a nivell personal o a nivell col·lectiu. El motiu principal és que en les darreres dècades la nostra cultura ha convertit aquest tema en tabú. I així, a través dels anys, hem rebut una educació en la qual no es podia parlar de la mort.

El professorat pot tenir també altres handicaps que cal tenir en compte a l'hora d'afrontar aquest tema a l'aula:

- Les vivències personals que té sobre les pèrdues.
- La situació personal o familiar: pot ser que estigui passant una crisi, un dol...
- La por de no poder controlar les reaccions emocionals pròpies i les del gran nombre d'alumnes que té a l'aula.
- Les reticències d'altre professorat del centre o bé de l'equip directiu que es parli d'aquests temes al centre.
- Sentir que no està autoritzat a parlar d'un tema que socialment s'amaga.
- El fet d'haver de gestionar diferents cultures, religions o creences de les famílies.
- El desconeixement d'orientacions o pautes sobre com afrontar les pèrdues.

Així, al llarg de l'escolaritat, el tema de la mort, les malalties terminals o els dols per altres pèrdues, com discapacitats, separacions, migració..., no són tractats en profunditat dins la vida escolar. Tampoc en l'àmbit familiar. Quan ens hi trobem no sabem com afrontar-ho i com acompanyar millor el nostre alumnat i les seves famílies.

La realitat, doncs, és que davant d'una pèrdua, sigui personal o d'una persona de la comunitat educativa, ens trobem desemparats, no sabem com reaccionar, no sabem si fem bé o malament, què dir, com actuar...

Mares, pares, mestres, professorat..., voldríem protegir els nostres infants del dolor i del patiment que sabem que suposa perdre una persona estimada, fer un canvi de residència o de país, afrontar una separació de parella o una malaltia greu... Però si no els en fem partícips, si no els permetem expressar les emocions contingudes i viure el dol, tard o d'hora s'enfrontaran a altres pèrdues i no tindran les eines necessàries per superar-les.

Totes les pèrdues que tenim al llarg de la vida ens preparen per a la mort, la pròpia i la dels éssers estimats. Cal, doncs, una bona elaboració personal de les pèrdues per tenir una vida emocionalment sana.

1.3. Com actuar davant d'una mort inesperada

Podríem establir diferents graus d'afectació de la mort en un centre educatiu:

- Mort d'alumnat.
- Mort de personal docent o no docent.
- Mort de mare, pare o germans.
- Mort d'altres familiars, amistats, veïns...

Afrontar la mort, en tots els casos, és la clau per obrir portes, encara que siguin petites i, malgrat el dolor, una ocasió pedagògica excepcional.

1.3.1. Mort d'alumnat

Aquesta pèrdua és sens dubte la més colpidora. Sigui per accident o per malaltia, la mort d'un nen, nena o adolescent, commou tota la comunitat. Podríem dir sens dubte que és la pèrdua més dolorosa emocionalment. La mort d'una criatura està revestida d'impotència, de tendresa, d'enyorança, ens deixa un buit irreemplaçable. És la mort que costa més d'acceptar i entendre. La mort d'un infant provoca a la família un dolor punyent i colpidor i commou profundament el centre educatiu, el poble, el barri, la comunitat...

En el moment en què la família ens comuniqui la mort caldrà informar tot l'alumnat del centre com més aviat millor. Es donarà a cada aula una explicació senzilla però clara, utilitzant la frase "S'ha mort". I s'explicarà a l'alumnat que estava molt, molt malalt o que va quedar molt, molt malferit en un accident, per exemple.

Com més petits siguin els alumnes, caldrà fer més èmfasi en l'adverbi molt. A partir d'aquí, caldrà atendre les diverses reaccions que puguin sorgir. No hem de témer aquest moment, els nens i les nenes ho posen molt fàcil. Si se'ls deixa espai i temps i se'ls dóna confiança, manifestaran les seves emocions i dubtes de forma natural.

A l'entrada de l'escola ja em trobo amb un espai de record per a en Nil, amb les mandales pintades pels companys i companyes de la seva aula, el seu autoretrat, espelmes, flors... Un "altar" que respira tristor però també calidesa i tendresa. Mirar-lo dóna pau. Hi ha calma al centre, ho estan afrontant molt bé, amb la satisfacció de saber que estan fent el que calia. Pendent l'acte de comiat, de primer cal acompanyar la família en el seu, cal organització del centre. Dies de trasbals, de dol, però tot va fluint...

Caldrà posar una atenció molt especial en els nens i nenes més afectats per la mort del company o companya. Això implica un treball d'observació i acompanyament del professorat i les famílies a curt i llarg termini. Cada alumne/a farà el seu propi procés i segons la personalitat, la sensibilitat, les experiències de vida viscudes, poden quedar afectats de manera diferent.

Per tal de canalitzar i donar sortida a totes les emocions que provoca la mort d'un alumne/a, és molt recomanable fer un comiat col·lectiu al centre on tothom pugui expressar el seu dolor. És molt important convidar la família a l'acte que organitzem, ja que se sentirà molt reconfortada i agraïda de poder participar en les mostres de condol pel seu fill o filla. Si s'elabora algun material de record, es pot posar en una caixa i donar-lo a la família.

Tots els suggeriments d'aquesta publicació us ajudaran en aquests moments: els aspectes clau per a un bon acompanyament; les reaccions pròpies del dol; com preparar un comiat...

1.3.2. Mort de personal docent o no docent

En aquest cas, també és necessari donar la notícia a tot l'alumnat del centre explicant què ha produït la mort. L'afectació en aquests casos depèn molt de les circumstàncies de la mort (accidental o per malaltia), del càrrec que ocupava, si era tutor/a d'un grup... Si l'absència per malaltia ha estat llarga, és possible que alguns alumnes no coneguessin la persona. Si la mort és accidental, l'impacte serà molt més gran.

S'haurà de posar una atenció especial en l'alumnat més afectat directament i permetre'l participar de forma activa en els actes que s'organitzin.

També es pot fer un ritual al centre adaptat a la persona i convidar la seva família a assistir-hi.

També vaig viure la mort d'un mestre, un company d'escola, a la mateixa escola on tres anys enrere havíem acomiadat la Jana i en Pol. Per cert, vaig poder constatar que els alumnes grans, els que ja havien viscut aquest fet, van reaccionar davant la mort d'una manera diferent. Sabien el que podien fer per descarregar la motxilla. En canvi, els més petits van quedar-se mirant, aprenent i finalment participant del comiat del mestre. Tot un aprenentatge de la mà dels seus companys.

Dolors Carrera

1.3.3. Mort de mare, pare o germans

Actualment, els casos de mort d'un dels progenitors es dóna força sovint i la majoria de demandes de suport són per aquest motiu. Gairebé tots els centres n'han patit, i alguns, en més d'una ocasió. Les causes més freqüents són de mort per malaltia greu, accident o suïcidi.

En aquests casos, també cal informar l'alumnat de tot el centre, no restringir-ho només a l'aula o aules afectades, ja que és normal que hi hagi molts vincles que desconeixem: amistats, veïnatge, lligams familiars... També és una ocasió pedagògica per parlar de les pèrdues, demostrar que no és un tema tabú, donar l'oportunitat als nens, nenes i adolescents d'expressar allò que senten. Parlant-ne obertament els podem donar eines per acompanyar l'alumne afectat.

També es donen casos de morts perinatals o neonatals, en les quals els infants o adolescents viuen la mort d'un germanet, o bé la mort de germans per diferents circumstàncies.

Es pot organitzar alguna activitat a l'aula en record del familiar que ha mort. L'alumnat i el professorat poden expressar el condol i les seves emocions amb escrits, poemes, dibuixos, cançons... Això ajudarà l'infant o adolescent que ha patit la pèrdua, ja que se sentirà acompanyat i reconegut en el seu dolor.

1.3.4. Mort d'altres familiars, amistats, veïns...

Sovint alguns alumnes arriben a l'escola i expliquen que s'ha mort algú del seu entorn: un familiar, alguna persona gran del poble, un veí... Són moments molt importants per aprofitar-ho i parlar de la mort. Atendrem l'alumne intentant saber com es troba emocionalment, com l'ha afectat aquesta pèrdua, quina relació tenia amb la persona que ha mort... El fet de parlar-ne obertament a l'aula els permetrà expressar sentiments, parlar de la persona morta, aclarir dubtes..., i sobretot, percebran que se'n pot parlar obertament i sense tabús.

1.4. Com actuar amb l'alumnat afectat per la mort d'un familiar

1.4.1. Si la família ens comunica la notícia i l'infant que ha patit la pèrdua no ve al centre

En el cas que els infants o adolescents afectats per la pèrdua no assisteixin al centre, cal explicar als companys què ha passat, amb informació clara i senzilla segons l'edat, però sense entrar en detalls.

És un bon moment per fer una pausa i parlar de les pèrdues. Podem preguntar als companys com creuen que se sent l'alumne afectat. Aquí connectaran amb les pèrdues pròpies o properes i empatitzaran amb ell o ella. També us podeu trobar que sigui la primera vegada que algú els deixa parlar obertament sobre aquest tema. Cal aprofitar aquest moment, tenint en compte el seguit de recomanacions que llegireu en aquesta publicació i que us ajudaran en aquesta tasca.

Podem explicar a l'alumnat la diversitat d'emocions que pot sentir l'alumne afectat (sensible, trist, amb ràbia, distret, plorós, amb ganes de no parlar o estar sol...) i que ells són de gran ajuda i cal que actuïn amb normalitat. Els explicarem que mesurin l'apropament, perquè al company o companya afectat no li agradarà ser el centre d'atenció, ni tampoc que parlin a la seva esquena o el deixin de banda. Els podem suggerir una abraçada, estar amb ell o ella, jugar-hi, parlar-hi... Els nens i nenes actuen amb naturalitat, sense prejudicis, i si se'ls ha explicat com d'importants són ells en aquest procés, se sentiran molt bé i faran de bons acompanyants.

Se'ls pot suggerir també de fer algun record per donar-li quan torni. És una manera d'expressar el que sovint costa de dir amb paraules. No forçarem mai cap situació. Cada alumne pot fer el que senti: un escrit, una frase, un dibuix..., segons l'edat. Això reconfortarà molt l'alumne quan torni al centre i l'ajudarà en el seu procés de dol. No parlar-ne o fer veure que no ha passat res, el faria sentir molt pitjor.

Per fer un bon acompanyament tindrem en compte les recomanacions del capítol "Aspectes clau per a un bon acompanyament emocional".

1.4.2. Si la família ens comunica la notícia i l'infant ve al centre

Si el nen, nena o adolescent ve al centre, el tutor o la tutora l'hauria de rebre, preguntar-li com està abans o en el moment d'entrar a l'aula i fer-li una abraçada o un petó, segons l'edat i sempre respectant el seu estat d'ànim i la seva actitud en aquell moment. Li comunicarem que sabem el que ha passat i li podem preguntar si prefereix explicar-ho ell o ella. Si no ho vol explicar, ens oferim per fer-ho nosaltres. Hi ha alumnes que manifesten que no volen ser a l'aula en aquell moment. És una reacció molt lògica perquè saben que estan molt sensibles i podrien no controlar les seves emocions. Això s'ha de respectar, i amb la col·laboració d'una altra persona l'alumne pot sortir de l'aula mentre s'explica als companys.

Feia dies que el pare de la Maria estava en fase terminal i va morir de matinada. La mare va decidir portar la seva filla a l'escola i va explicar a la direcció que el pare havia mort, que la nena ho sabia i havia dit que volia anar a l'escola. Quan va entrar a l'aula no va dir res del que havia passat. La mestra no sabia com parlar-ne ni què dir-li. A l'hora del pati va sortir amb les seves amigues, com si res hagués passat. Entrant del pati, la seva tutora li va dir que sabia el que havia passat i la va abraçar. Li va preguntar si volia explicar-ho als seus companys i ella va dir que ho fes la mestra però que ella volia sortir de la classe mentre ho explicava. Una altra mestra se la va endur una estona a buscar uns materials.

Si l'alumne manifesta que ho vol explicar ell mateix, estarem al seu costat, l'abraçarem, l'ajudarem amb paraules senzilles i podem dir, per exemple, "En Marc ens vol explicar una cosa molt trista"; "Gràcies per compartir-ho amb nosaltres"... Senten un gran alleujament quan saben que els seus companys estan al cas de què està passant.

És responsabilitat dels adults afrontar el tema. Els nens i nenes no tenen les eines suficients per fer-ho i, d'altra banda, estan en estat de xoc en aquests primers moments. És normal que manifestin que volen anar a l'escola o l'institut. A casa hi ha molt dolor i alguns necessiten desmarcar-se'n. Però el centre educatiu ha de tenir molt present que encara que aparentment estigui "com si res" o "estigui normal", està passant un moment vital de confusió, desorientació, incomprensió, por, ràbia...

Per a l'acompanyament tindrem en compte les recomanacions del capítol "Aspectes clau per a un bon acompanyament emocional".

1.4.3. Si la família ens comunica la notícia mentre l'infant o adolescent és al centre

En aquests casos, caldrà tenir molta cura en com es dóna la notícia, donat que l'impacte que pot causar, tant en l'alumne afectat com en el professorat, pot provocar reaccions imprevistes, sobretot si ha estat una mort inesperada (mort sobtada, accident, suïcidi...).

Si la família ens comunica la notícia per telèfon, els demanarem que vinguin al centre a buscar el seu fill o filla acompanyats d'alguna altra persona, amiga o familiar. No és prudent que es desplacin en estat de xoc pels riscos afegits que suposaria, sobretot si el desplaçament es fa conduint un vehicle.

S'atendrà la família en un espai acollidor del centre, i si és possible ho farà algú de l'equip directiu i el tutor o tutora de l'alumne afectat. Els podem oferir alguna beguda i els donarem suport emocional. Els recomanarem que el millor serà que donin la notícia al seu fill o filla a casa. També és possible que l'alumne afectat ja vulgui saber què ha passat perquè s'adonarà de la gravetat del que se li vol comunicar. Segons l'edat, es valorarà la informació que se li donarà en aquell moment. En tots els casos, la notícia cal que l'hi doni la persona més propera a ell o ella, i sempre que es pugui a casa o en un espai acollidor que permeti la intimitat que la situació requereix.

Les reaccions davant la comunicació d'una mort inesperada poden ser intenses i diverses: negació, voler fugir, atac de ràbia, quedar en estat de xoc, cridar, plorar desconsoladament, provocar-se lesions... En tots els casos cal preveure la contenció i evitar que la persona pugui fer-se mal.

És normal que els pares o familiars que han de comunicar la notícia a l'infant o adolescent se sentin molt desorientats. El suport del professorat serà molt important en aquests moments de confusió i dolor. Es poden donar algunes d'aquestes orientacions a la família:

- Cercar un lloc tranquil i acollidor.
- Que li doni la notícia la persona més propera.
- Fer-ho de forma pausada, sense pressa.
- Dir la frase "S'ha mort", no utilitzar metàfores ni eufemismes com "Se n'ha anat"; "L'hem perdut"; "Ha marxat"...
- Alertar sobre les possibles reaccions.
- Mostrar-se molt comprensius.
- Respondre totes les seves preguntes adaptades a l'edat.
- Explicar com serà l'enterrament, l'acte de comiat, la visita al tanatori, la incineració, etc.
- Deixar que s'expressin i manifestin si volen assistir o no als actes.

1.5. Quan i com donem la notícia a l'alumnat del centre

Cal donar la notícia com més aviat millor i a tot l'alumnat. El professorat s'ha de posar d'acord en la informació que es donarà i fer-ho al mateix temps. La informació ha de ser senzilla i clara, sense entrar en detalls i d'acord amb l'edat de l'alumnat.

En la mesura que es pugui, caldria evitar que arribi l'hora de marxar a casa o de sortir al pati o al menjador i que uns alumnes tinguin la informació i els altres no. Això afavoriria els rumors i les desinformacions.

En les hores i dies següents, caldrà anar informant el professorat i l'alumnat de les decisions consensuades que es vagin prenent respecte a l'acte de comiat previst o altres actuacions que es facin al centre.

1.6. La informació que donarem

És molt important, per treure l'angoixa que puguin sentir, d'explicar als nens i nenes que les persones, de forma natural, es moren quan són molt grans. Quan es tracta de la mort d'una persona jove cal explicar que ha estat a causa d'una malaltia que no s'ha pogut curar per la seva gravetat o bé per un accident de qualsevol tipus, si aquest ha estat molt greu. No hem d'obviar tampoc explicar que les persones també moren a causa de catàstrofes naturals, fam, epidèmies, guerres...

Per explicar un cas de suïcidi, segons l'edat, i amb el vistiplau de la família afectada, els hem de dir que en la majoria dels casos es produeix perquè les persones no se senten amb prou forces per seguir endavant, a causa d'un conjunt de problemes que els afecten, o bé que hi ha determinades malalties mentals, com la depressió, que poden portar a llevar-se la vida, però que això passa quan aquesta malaltia és molt greu. Moltes persones que se suïciden ho fan també per amor a les persones que estimen, perquè pensen que així les poden alliberar del seu patiment.

En els casos de mort per assassinat, cal ser molt prudents, ja que solen ser mediàtics i amb informacions poc contrastades o amb detalls innecessaris que provoquen molt més dolor a la família afectada. Cal explicar que en aquests casos ha de ser un jutge qui digui què ha passat realment. El suport requerirà un tractament professional intensiu dels fills o familiars afectats.

En ambdós casos (suïcidi i assassinat), respectarem sempre la informació que la família vulgui donar al respecte, però l'orientarem en el sentit que és molt millor que l'alumne rebi la informació per part seva abans que se'n pugui assabentar per altres mitjans.

1.7. Tasques de l'equip directiu

En el cas de mort d'un alumne/a o personal que treballi al centre, cal un bon lideratge i una bona planificació. L'equip directiu és qui ha de liderar aquestes situacions al centre, però tenint molt clar que s'ha de respectar sempre el moment emocional en què es troben les persones i cal saber delegar si creiem que en aquell moment algú no se'n pot fer càrrec.

Hola, Àngels.
Em sembla que ja t'ho he dit tantes vegades que em fa por que no acabi semblant un missatge buit de contingut. Creu-me que no ho és.
Això que ha passat ha estat un tràngol tan gros que, honestament, no sabia ni per on començar a entomar-lo. Amb l'afegit que també jo, pel fet de ser amiga de la família, estava desfeta per dins.
El fet de comptar amb algú que ha sabut dir-nos en cada moment el que necessitàvem sentir, de saber que no estàvem sols, no només ens ha ajudat a tirar endavant amb tot el que se'ns encomanava: ens ha estat també balsàmic. La veritat és que si una sola cosa bona ha portat aquesta tragèdia —ja veus, quina paradoxa— és que ha estat una ocasió per veure que som molts, que fem pinya, i que en els moments més difícils no estem sols.
Només volia que t'arribés també per escrit... scripta manent.
Una abraçada molt i molt forta.

Clara Sales, directora de centre educatiu que va patir la mort traumàtica d'una alumna, la seva germana i la seva mare.

És recomanable demanar suport, ja que una mort inesperada al centre ens pot col·lapsar. Podem demanar suport als equips d'assessorament psicopedagògic, a grups de suport al dol o a les persones especialitzades que tinguem més properes a la nostra localitat. També es tindrà en compte el professorat del centre que per la seva experiència, formació o disponibilitat pugui liderar aquests moments.

Aspectes que l'equip directiu haurà de tenir en compte:

- Verificar els fets: sovint, les primeres informacions en cas d'accident són confuses. No donar notícies fins que tinguem la certesa de què ha passat.
- Convocar el claustre tan aviat com es pugui en els casos de mort d'alumnes o professorat. I si és possible, abans de l'entrada de l'alumnat al centre.
- Comunicar la notícia al Departament d'Ensenyament a través de la inspecció educativa.
- Demanar suport a l'equip d'assessorament psicopedagògic del centre (EAP).
- Programar les trobades que es faran amb el professorat per informar o per prendre decisions, i per anar fent el seguiment de tot el que es vagi organitzant al centre, a l'aula, amb les famílies...
- Donar suport al professorat afectat més directament, ja que segons el tipus de pèrdua pot veure's molt afectat. Per exemple, en els casos de mort traumàtica d'un alumne de qui sigui tutor o tutora.
- Avaluar l'impacte potencial de la mort.
- Avisar tot el personal docent i no docent que en aquell moment no estigui treballant al centre.
- Coordinar la notificació tant dins com fora del centre (famílies, entitats...).
- Valorar la informació que donarem en cas de suïcidi o assassinat, sempre respectant l'opinió de la família.

- Protegir l'alumnat i el professorat dels mitjans de comunicació.
- Coordinar-se amb la família de la persona que ha mort. Decidir qui és la persona més adient per fer d'intermediària.
- Establir en el centre un espai d'acollida més íntim, per atendre familiars o personal del centre que ho necessitin.
- Programar alguna sessió per a les famílies del centre o de l'aula afectada per la pèrdua, amb la finalitat de compartir dubtes personals i sobre com acompanyar els infants en el dol.
- Revisar uns dies després els punts forts i els punts febles de les accions i actuacions que s'han dut a terme.

Les sensacions de les dues morts que vaig viure en un mateix curs, amb només un mes de diferència i estant a l'equip directiu, van ser una mica diferents entre elles i també diferents de la pèrdua d'una altra alumna, ja fa molts anys.
D'una banda ja no era tan jove, a vegades les experiències que vas vivint al llarg del temps ajuden a assimilar millor els fets, i de l'altra en aquells moments formava part de l'equip directiu.
Vaig notar que ens queia sobre nostre una responsabilitat i una pressió enormes. S'havia de gestionar un fet que implicava tota la comunitat escolar, centenars de persones que pensem o hem estat educades de diferent manera. Algunes afronten aquest tema com a tabú, altres amb naturalitat, altres ni en parlen... i nosaltres al capdavant de tot.
Només pensava: 'Si ja és difícil gestionar la mort d'un familiar, la mort d'una alumna de l'escola com es pot fer?'.
Calia encarar les accions de forma correcta i amb sensibilitat, intentar no ferir ningú.

Dolors Carrera

1.8. Intervenció al centre

Aspectes que caldrà tenir en compte:

- Mantenir el centre educatiu obert, ja que permet a l'alumnat estar junt, rebre ajuda, informació, suport emocional...
- Garantir l'ordre i la calma a les aules i als espais comuns per donar seguretat i confiança a l'alumnat.
- No improvisar. És convenient que el claustre prepari com tractarà aquest tema a les aules.
- Preveure que no tot el professorat pot estar en condicions d'afrontar les tasques de suport al dol amb el seu grup. En aquests casos, pot encarregar-se'n un altre docent del centre perquè el grup quedi ben atès.
- Proporcionar materials d'ajuda a mestres, alumnes i famílies afectades. Es poden demanar materials de suport als centres de recursos pedagògics; són molts els que ja disposen de recursos específics per tractar les pèrdues.
- Respectar el dret a participar en determinats actes i permetre d'assistir al funeral, si és el cas. Si és en horari escolar, com ho són la majoria, caldrà organitzar qui es queda al centre, qui acompanya els nens i nenes, demanar el consentiment a les famílies...
- Intentar seguir les tasques habituals del centre amb la flexibilitat que la situació requereixi.

1.9. Intervenció a l'aula

Per facilitar-vos la tasca a l'aula, us serà molt útil la lectura del capítol "Aspectes clau per a un bon acompanyament emocional", així com les orientacions següents:

- Doneu a l'alumnat la informació que cregueu necessària per evitar rumors que puguin incrementar la seva ansietat.

- Feu-los partícips de les accions i/o actuacions que s'organitzaran.
- Expliqueu de manera clara i senzilla la causa de la mort. No digueu, per exemple, que la persona ha mort perquè estava en un hospital, ja que el més petits podrien associar la mort amb els centres hospitalaris.
- Utilitzeu les paraules mort, morir, accident, càncer, malaltia..., de forma natural, clara i sense por. (En cas de suïcidi o assassinat mireu l'apartat 1.6, "La informació que donarem".)
- No feu servir eufemismes ni metàfores: "Se n'ha anat de viatge"; "Ara és al cel"; "Està dormint"...
- Responeu sempre les seves preguntes amb sinceritat i honestedat. No tenim respostes per a totes, de manera que no hem de témer dir: "No ho sé"; "Hi ha gent que pensa que..."; "Jo crec que...".
- Flexibilitzeu els horaris quan sigui necessari, però mantenint les tasques diàries en la mesura que sigui possible.
- Doneu l'oportunitat a l'alumnat d'expressar les seves emocions. Ajudeu-los a expressar sentiments, a través de l'escolta activa o per mitjà del joc, el dibuix, etc.
- Parleu sobre la normalitat de les diverses reaccions emocionals.
- Identifiqueu l'alumnat en risc, per exemple amb una pèrdua recent o amb un familiar que estigui passant una malaltia greu.
- Preveieu les diferents reaccions que poden tenir els alumnes segons la seva edat i/o proximitat amb la persona morta.
- Tingueu en compte el suport de persones o serveis de suport per a l'alumnat amb necessitats educatives específiques (mestres d'educació especial, vetlladores...).
- Mantingueu l'atenció sobre determinats alumnes, ja que el dol necessita molt de temps i alguns poden manifestar reaccions després de dies, setmanes o mesos.
- Expliqueu que cada persona afectada i ells mateixos poden passar per

diferents moments en el procés de dol: estat de xoc, negació, tristesa, ràbia, culpa, gelosia, ansietat, por...

- Recordeu-los que tenen dret a riure, jugar i ser feliços. Estar en dol no vol dir que hagin d'estar tristos tot el dia. Els nens i nenes com més petits són passen amb més facilitat de l'alegria a la tristesa i viceversa.
- Mostreu el vostre propi dolor, les vostres emocions. Això possibilitarà que ells també les expressin amb més naturalitat.
- Eviteu fer judicis o interpretacions.
- Mostreu empatia i proximitat cap als sentiments que puguin sorgir i les pèrdues significatives que us puguin explicar (també poden ser, per exemple, les d'una mascota o un objecte significatiu).
- Respecteu i parleu de les diferents creences culturals i religioses respecte a la mort.
- Parleu de la persona morta utilitzant el seu nom.

En relació amb aquesta frase, l'Eduard Baulida, el pare de la Jana, va escriure:

Parlar de la persona morta utilitzant el seu nom...
Seguir parlant en present de la seva absència fins que el temps
decideixi conjugar nous temps verbals a les nostres boques.

2. Com actuar davant malalties greus o terminals d'alumnes o familiars directes de l'alumnat

El meu nom és Gina i vaig morir amb 11 anys el 16 de gener del 2014, a les 15 h, en braços de la meva mare, en presència de la meva família, a casa. Així és com tothom desitjaria morir.

Del llibre *Seguirem vivint. Gina, una mort lluminosa és possible*

Amb aquestes paraules comença el llibre de la periodista i escriptora Elisabet Pedrosa, escrit després de la mort de la seva filla, afectada de la síndrome de Rett.

Sovint, les malalties greus són objecte també de tabú. Quan ens donen la notícia que s'ha detectat una malaltia greu a una persona propera, no sabem massa com reaccionar: "No pot ser!"; "Han de fer més proves"; "A vegades s'equivoquen"... Hi ha una reacció generalitzada d'incredulitat i de negació. A mesura que passen els dies i setmanes, hi ha moments d'esperança i d'espera... Però quan la malaltia es va confirmant es fa difícil trobar les paraules i actituds adequades.

Els hospitals estan plens de criatures i persones adultes amb malalties greus o terminals. Des de fora i des dels centres educatius també els podem acompanyar i donar suport, tant a les persones afectades com a les seves famílies. I està demostrat que aquest acompanyament afavoreix el seu benestar emocional i també el de la seva família.

Davant d'una malaltia greu d'un familiar o altra persona significativa, caldria anticipar la notícia als nens, nenes o adolescents afectats. Els hauria d'informar una persona molt propera a ells cercant un moment de tranquil·litat per dir-los la veritat, ajustada a la seva edat i sense mentides.

Si l'infant o adolescent demana d'anar a veure la persona malalta caldrà preparar la visita: anticipar-li com està, on, etc., i acompanyar-lo en tot moment.

2.1. Malalties greus d'alumnat

Es dóna el cas de moltes famílies que silencien l'estat en què es troba el seu fill o filla, a qui s'ha detectat una malaltia greu. Sovint, no donen gaire informació al centre, potser perquè donar-la suposa acceptar el que està passant. Es troben en estat de xoc o de negació, de no voler acceptar el que estan vivint. És un moment de molt dolor i incertesa.

Els infants són molt més forts i conscients del que sovint pensem les persones adultes. Si estan malalts, cal que estiguin informats de què tenen, de quines proves o tractaments rebran, quant temps estaran ingressats, si podran tornar aviat a l'escola o a l'institut.

El suport del centre educatiu és de vital importància en aquests casos per a l'evolució del seu estat anímic.

Hi ha casos en què la família s'aïlla i el centre educatiu rep poques notícies. L'infant simplement "desapareix" del centre.

És molt important poder mantenir un vincle, trencar el gel del silenci amb la família, que l'infant pugui anar al centre si el seu estat l'hi permet, encara que sigui a veure una estona els seus companys, o bé rebre a casa o a l'hospital algun amic o amiga més proper.

Un infant amb una malaltia greu necessita més que mai el suport del seu entorn, que pot tenir moltes formes. Per exemple, li podem fer arribar a través de la família o bé personalment:

- Escrits i dibuixos.
- Gravacions amb àudio o vídeo.
- Contes, llibres o jocs.
- Música, flors...

2.2. Malalties greus de pare, mare o germans d'alumnes

Les malalties greus són cada vegada més freqüents els darrers anys. Gairebé tots els centres escolars han sofert la mort d'un pare, mare o germà d'alumnes després de mesos de patir una malaltia.

Quan es tracta d'un progenitor que està malalt, en moltes ocasions el centre educatiu no en té notícia fins que la malaltia està en una fase molt avançada o terminal.

Els infants passen per un període d'incertesa i ansietat. Sovint, són els menys informats. Segons l'edat, se'ls amaga la gravetat de la malaltia per no fer-los patir, però en pateixen les conseqüències sense saber ben bé què està passant: comencen a veure preocupació, tristor, angoixa... El pare, mare o germà desapareix intermitentment de les seves vides, i en els casos de poblacions aïllades de les grans ciutats, qui desapareix no és només la persona afectada sinó també l'acompanyant (pare i mare, mare i fill). Ells es queden amb altres familiars (els tiets, els avis...) i, en general, se segueix informant-los molt poc.

Aquests infants o adolescents passen a patir de cop un munt de pèrdues: el nucli familiar, les rutines, l'oci, la seva habitació i les seves coses personals; pot ser que en sortir del centre cada dia no sàpiguen qui els recollirà, quines notícies hi haurà... Tot això els crea molt d'estrès i angoixa.

Les notícies que van rebent poden ser desesperançadores o, al contrari, qualsevol millora és motiu d'esperança. Es poden sentir il·lusionats que aviat tot acabi, i en alguns casos és així, però quan torna a haver-hi un ingrés o un empitjorament, se senten decebuts i confusos.

L'acompanyament i suport que es pot oferir des de les escoles i instituts és molt important. Fer veure que no passa res o no parlar-ne seria fugir d'una realitat que no els ajudaria gens en aquest procés.

Al mateix moment em van passar un munt de coses pel cap.
Aquest infant havia estat durant tres anys alumne meu, havíem passat moments de tota mena. El sentiment d'aquell instant era contraposat; per una banda vaig pensar que era el millor per a ell, per l'altra vaig pensar que no el tornaria a veure, que ja no tornaria a gaudir del seu somriure pillo, de la tranquil·litat que desprenia.
Ell a nosaltres ens va donar molt d'afecte i una lliçó darrere l'altra, com la que cal afrontar els problemes amb esforç, constància, alegria i mai amb lamentacions.
Els companys li havien donat la felicitat, el joc, la companyia, l'ajuda, l'amistat, la innocència. Ell hi va posar tot el seu esforç per tal de no quedar enrere. Li van donar l'al·licient per superar-se i no quedar estancat i la il·lusió per seguir endavant.

Dolors Carrera

No hem d'esperar que es produeixi un desenllaç, potser no arriba o ho fa al cap d'uns mesos o anys. Cal acompanyar des del primer moment que en tinguem notícia. Totes les orientacions explicades al capítol "Aspectes clau per a un bon acompanyament emocional" us seran de molta utilitat per comprendre l'estat emocional de l'infant o adolescent i de la seva família.

3. Altres pèrdues significatives

Tota pèrdua comporta un dol i encara que aquesta no sempre tingui la contundent permanència que acompanya la pèrdua per mort, sí que produirà desajustaments, dolor i problemes reals que dificultaran seguir amb la vida tal com havia estat.

Anji Carmelo, *¿Què me pasa? Pequeñas grandes pérdidas de la vida*

Hi ha altres pèrdues que ens afecten i provoquen molt dolor. Són pèrdues no tan reconegudes socialment, però molt significatives i doloroses per a la persona que les pateix. Aquest fet provoca que es visquin amb silenci, incomprensió i molt dolor.

Les pèrdues que podem trobar als centres educatius i que, per tant, pot patir el nostre alumnat o professorat poden ser:

- Les separacions de parella, divorcis o ruptures familiars.
- Les morts perinatals de germans.
- Les discapacitats per naixement o adquirides.
- Els canvis provocats per la migració.
- La pèrdua del lloc de treball dels pares.
- Les pèrdues econòmiques.
- La pèrdua de l'habitatge per desnonament.
- Els canvis de feina o de lloc de residència.
- La separació per empresonament.
- La mort d'una mascota.
- ...

La quotidianitat i la freqüència amb què es poden donar algunes d'aquestes pèrdues fa que no se les posi a primera línia quan parlem de dol, i en molts casos aquest pot ser força complicat i dolorós per a les persones que el pateixen. Són pèrdues que provoquen molta desorientació als adults i molta por, impotència i angoixa als menors.

El dolor i la incertesa davant d'una separació dels pares, d'un canvi de residència o de país, de centre escolar o d'amistats, la pèrdua de la feina dels pares, o en els casos més greus, la pèrdua de l'habitatge per desnonament o la pèrdua per empresonament del pare o la mare (per exemple, en els casos de violència de gènere), són pèrdues que nens, nenes i adolescents poden patir i que, en la majoria dels casos, ho fan en silenci, sobretot per vergonya i per les possibles reaccions d'incomprensió que puguin trobar en el seu entorn més proper.

Si ja és difícil apropar-se a les persones que han patit una pèrdua per mort, encara ho és més dir les paraules adequades i sense caure en tòpics, per exemple en els casos d'aquestes altres pèrdues.

Cal tenir una mirada àmplia cap a aquests dols, ja que no es dóna una sola pèrdua sinó que se'n desencadenen diverses, com veurem en els apartats següents.

3.1. Per separació o divorci de la parella

Una separació o divorci de parella provoca un daltabaix emocional que per les seves característiques pot ser considerat un dol dels més dolorosos, per les diferents circumstàncies i factors que l'envolten. D'una banda, el dolor pot perdurar en el temps i sovint empitjorar; no se sap com i quan acabarà el malestar entre la parella, els tràmits legals són llargs, les decisions sobre els fills complicades, així com el repartiment dels objectes, mobiliari o propietats en comú. Pocs són els casos en què hi ha bona entesa, i encara en aquests la commoció emocional és molt gran.

Els infants i adolescents que pateixen una ruptura familiar es veuen immersos en un tsunami emocional per tots els canvis i pèrdues que es produeixen en la seva vida personal:

- Patiment pel progenitor més afectat per la separació.
- Sensació d'abandonament.
- Canvis en el nucli familiar: rutines diàries, oci...
- Pèrdua del projecte de família.
- Angoixa, tristesa i pena d'un o dels dos progenitors, que estaran abocats en tot el que representa la logística i els aspectes legals de la ruptura.
- Els infants solen ser moneda de canvi: discussions per la pàtria potestat, per les pensions...
- Pèrdua de l'estabilitat: s'han d'adaptar a noves organitzacions familiars, conviure entre dues llars...
- En molts casos, adaptació a noves parelles i noves famílies amb qui conviure.
- ...

3.2. Per immigració

El Dr Joseba Achotegui descriu els set dols dels immigrants:

- Per separació de la família i els amics.
- Per la llengua materna.
- Per la cultura, l'alimentació, el vestit...
- Pels paisatges i la terra que deixen enrere.
- Per la pèrdua d'estatus.
- Per la pèrdua de contacte amb el grup ètnic d'origen.
- Pels riscos físics: actituds violentes o de menyspreu cap a ells al país d'acollida.

I hi afegeix aquestes característiques:

- És un dol parcial: no hi ha desaparició, sinó una separació.
- És un dol recurrent: va i ve en la vida de la persona.
- Dóna lloc a un canvi en la identitat.
- Dóna lloc a regressions.
- Suposa la posada en marxa de mecanismes de defensa.
- Té sentiments ambivalents.
- El dol migratori també el viuen els autòctons i els que es queden al país d'origen.
- El retorn de l'immigrant, és una nova migració.
- És transgeneracional.

(Article "Migración y psicopatología desde la perspectiva de la A.P."
http://www.elmedicointeractivo.com/ap1/emiold/informes/informe/inmigracion.htm)

ACOMPANYAR EL DOL

4. Aspectes clau per a un bon acompanyament emocional en els processos de dol

Després d'un gran dolor, si aconseguim acceptar-lo i superar-lo, ja res ens és igual que abans i totes aquelles coses materials que abans tant ens preocupaven perden tota la importància. Ens sentim més a prop de tota la humanitat, comprenem la immensitat del dolor que regna a tot el món i sentim la més gran compassió per tothom, per tot allò que té sensibilitat.

Dr. Moisès Broggi

Fragment del discurs de presentació del llibre de l'Anji Carmelo, *Deixa'm plorar*

4.1. Acompanyar

Per fer un bon acompanyament, hem d'estar disposats a escoltar i a deixar que flueixin les emocions, no evitant-les. Les persones o infants a qui acompanyem han de poder expressar les seves emocions en el moment que entren en dol.

S'entra en dol quan hi ha un plor desconsolat, un atac de ràbia, una tristesa profunda, quan s'està absent o es mostra agressivitat. És molt important atendre l'infant en aquests moments. A l'aula, per exemple, un alumne pot entrar en dol en qualsevol moment, fins i tot en temps d'oci, quan un record, una paraula, una situació, li evoqui la pèrdua. Per aquest motiu, l'observació és molt important, no tan sols en els primers dies o setmanes després de la pèrdua, sinó al llarg dels mesos. Sovint ens pot semblar que una criatura "està prou bé" i potser un dia, sense més, esclata en plors o amb agressivitat. El que està fent és deixar sortir les emocions contingudes. Per aquest motiu, és molt important la flexibilitat i la sensibilitat del professorat per atendre'l adequadament. Els nens i les nenes canvien fàcilment d'estat d'ànim, al contrari dels adults, i poden estar plorant i, al cap de poc, jugar. L'infant en dol tindrà moments de tot. I serà molt normal que tot i la gran tristesa que tindrà, també jugui i es distregui. Això és important que ells mateixos i els companys i companyes ho sàpiguen. Ells són molt bons acompanyants, però també els hem d'explicar com ser-ho per fer-ho millor.

També hem de tenir clar que el procés de dol el fa cada persona, no el podem fer per ningú. El nostre paper ha de ser el d'acompanyant; això vol dir saber estar al costat, estar disponibles. La persona que està en dol ha de saber que estem al seu costat, tant per sostenir un plor, una manifestació de ràbia, un silenci, com per parlar quan li calgui.

4.2. No apartar del dolor

No hem de voler apartar la persona del dolor. Hi ha la creença que ha de ser així: "No ploris"; "No hi pensis"; "Ara ja no s'hi pot fer res"; "T'has de distreure"... Frases que es diuen amb bona voluntat, però que no ajuden gens la persona en dol.

Quan són els infants els qui han patit una pèrdua, està molt generalitzat voler apartar-los del dolor, perquè no volem que pateixin, i això es materialitza de diverses maneres: utilitzant metàfores complexes per dir que una persona ha mort; no deixant participar de les cerimònies i rituals que es fan; evitant parlar-ne; amagant que la persona ha mort... Es fa perquè es vol protegir l'infant del dolor i el patiment que suposa una pèrdua o la mort d'una persona estimada. Però al llarg de la seva vida s'enfrontaran a altres pèrdues, i si no han tingut l'oportunitat d'elaborar-ne cap no tindran les eines necessàries per superar-les. També perdran la confiança en els adults, ja que s'adonen de tot el que passa al seu entorn, tinguin l'edat que tinguin.

Els dols no elaborats es poden anar sumant a altres pèrdues i cada vegada serà més costosa la seva elaboració. I això anirà suposant una gran càrrega emocional, que pot desembocar en diferents bloquejos. Un dol no resolt també podria esdevenir un dol complicat o patològic. Així doncs, per a una bona salut emocional és molt important tenir els dols "al dia" i acompanyar els nostres infants en aquest procés.

4.3. Permetre el plor

Plorar és molt alliberador i mai hem de tallar un plor dient la tan repetida frase de "Va, no ploris". Les llàgrimes emocionals alleugereixen el dolor i la pena. I això és pel fet que tenen una composició química diferent de les llàgrimes basals (de lubricació de l'ull) o de les reflexes (reacció a partícules estranyes o substàncies irritants). Les llàgrimes emocionals contenen més hormones, com la prolactina, que actua com a relaxant, o la leucina encefalina, que és un analgèsic natural. Per aquest motiu, després d'haver plorat ens sentim millor, més relaxats i amb somnolència.

D'altra banda, plorar en companyia ens permet mostrar la nostra pena i trobar suport.

Quan es va morir el seu germà, el meu fill Jaume, de 13 anys, patia en veure'm plorar. Intentava que no ho fes fins que li vaig dir: 'Si t'haguessis mort tu, segur que no t'estranyaria que jo estigués trista i plorés'. A partir d'aquest moment ho va acceptar. Perquè d'aquesta manera, implícitament, li estava donant 'permís' a ell perquè pogués manifestar també la seva tristesa.
Després de plorar amb ganes totes les persones experimentem calma. Una mena de parèntesi de pau.

Mercè Castro,
autora de *Volver a vivir* i *Palabras que consuelan*

4.4. Indagar emocions

També és molt important el fet de saber quin sentiment o emoció té la persona en dol per poder acompanyar-la millor. Quan s'està en dol, la barreja d'emocions és tan gran que costa saber com ens sentim en realitat i com expressar-ho.

Socialment, s'ha associat el dol a la tristesa, però aquesta s'amaga sovint darrere de moltes altres emocions, de molts sentiments, de pensaments contradictoris o confusos...

A les criatures encara els costa més saber què els està passant. No poden posar nom a una emoció que potser ni tan sols saben que existeix, com pot ser la impotència, la desesperació, el desànim, la incertesa... Elles ho expressen amb manifestacions conductuals o físiques: agressivitat, mal humor, mals de panxa o de cap, petites regressions com fer-se el pipí al llit o demandes reiterades d'atenció.

Per aquest motiu és molt important ajudar-los a posar nom a les emocions, perquè sentin que els volem ajudar, que estem al seu costat compartint el seu dolor. Els podem fer preguntes obertes del tipus: "Com estàs?"; "Em vols explicar alguna cosa?"; "En què penses?"...

Pot ser que fem preguntes i no obtinguem resposta. Tot i així, són importants perquè l'infant o adolescent sàpiga que en qualsevol moment pot comptar amb la nostra confiança, i potser ens explicarà alguna cosa en un altre moment i quan menys ho esperem.

També cal atendre les demandes d'atenció, ja que són una manifestació del seu malestar emocional i que no saben com expressar. A poc a poc, amb les vostres atencions, us hi podreu anar apropant, i en sentir que s'està més per ell o ella anirà agafant més confiança i s'anirà sentint millor.

Un altre aspecte que cal indagar és quina informació tenen els nens i adolescents sobre la mort, què en saben o què en pensen. Si no s'ha fet amb anterioritat, els moments de pèrdua són un bon moment per parlar-ne. Sovint, el que frena els adults a parlar sobre aquest tema amb els infants són les pors i dubtes personals no resolts.

4.5. Les emocions associades al dol

No hi ha emocions negatives o positives, ja que totes compleixen la seva funció. Per exemple, no existiríem si els nostres avantpassats no haguessin tingut por o sensació de perill quan es veien amenaçats per diferents elements, com el foc, els llamps o els animals depredadors. Per aquest motiu, és molt important atendre les persones des de l'emoció que senten. S'ha de "transitar" per les emocions i veure què ens estan dient, quin missatge ens estan donant.

• *La ràbia*

En les pèrdues acostuma a haver-hi molta ira o ràbia acumulada: "Per què m'has abandonat?"; "Per què m'has fet això?"; "M'ha deixat sol, ara què faré?". La ràbia pot anar dirigida contra els metges que no han salvat, contra un familiar que creiem que no va fer el que s'havia de fer, contra un conductor que va provocar un accident, contra una persona que s'ha suïcidat, etc. També molta ràbia davant uns pares que se separen, o que decideixen canviar de residència...

Els infants quan expressen la ràbia ho fan amb mal humor, barallant-se, responent malament als adults, o amb reaccions agressives cap a companys o familiars. És important atendre aquests moments amb molt de tacte però amb fermesa, i un cop resolt el conflicte cal fer una reflexió sobre el que ha passat a fi que es pugui canalitzar la ràbia d'una altra manera. Se'ls pot suggerir, segons el lloc on ens trobem, d'anar a córrer, donar cops de puny contra un coixí, cridar, plorar..., i validar aquesta emoció com comentarem més endavant.

• *La gelosia*

Molts infants poden sentir ràbia causada per la gelosia, sobretot quan han perdut un progenitor o un germà. En veure, per exemple, que als altres companys els van a recollir a l'escola el pare o la mare, o els avis, i es pregunten per què a ells no. I quan en diversos moments a l'escola o a l'institut es parla de la família, ja sigui per reunions, per la festa de fi de curs, per les vacances, pel Nadal, o en qualsevol moment escolar, l'infant pot entrar en dolor i expressar la gelosia i enyorament de diverses maneres.

• *La impotència*

Els adults sentim impotència davant d'una pèrdua però les criatures i els adolescents també. Poden sentir-ne per no haver pogut ajudar la persona que ha mort, que ha tingut un accident, que ha patit una malaltia greu o s'ha suïcidat. Més impotència encara si percep que se li amaga informació, que no se li comuniquen les decisions familiars, que no se li va explicar la gravetat d'una malaltia o que no se li va permetre acomiadar-se d'una persona estimada.

Impotència, també, davant la separació dels pares. Una impotència absoluta: els infants se senten impotents, no poden fer res, les seves opinions compten poc en aquests moments i, a més a més, possiblement desenvoluparan sentiments de culpabilitat.

• *El sentiment de culpabilitat*

És freqüent tenir sentiments de culpabilitat davant d'una pèrdua per allò que no vam fer, no vam dir, no vam preveure...

Quan em van dir que en Pol s'havia mort, el primer que vaig pensar era que no podia ser, perquè jo hi havia acabat de parlar feia mitja hora i la mama em deia que havia mort feia poc, després que jo hi parlés. Em vaig sentir molt malament, vaig plorar molt, tenia la sensació que s'havia mort per culpa meva, perquè en trucar-li i parlar amb mi li havia fet gastar forces i per això s'havia mort.

Bernat Saguer

En el cas dels infants o adolescents poden sentir-se culpables també, per haver fet enfadar els pares i, per aquest motiu, pensar que s'han separat o que han contret una malaltia per culpa seva: "Els pares s'enfadaven per culpa meva". Aquest sentiment els provoca malestar, inquietud, sentiment de culpa... Cal indagar si l'infant se sent així i explicar-li que el que ha passat no té res a veure amb ell o ella. Caldria evitar frases com "Em mataràs a disgustos"; "Ens hem enfadat per culpa teva"...

• *La por*

Molts nens i nenes senten por davant una pèrdua. Si ha mort el pare o la mare, pot ser que tinguin molta por de perdre l'altre progenitor i es mostren molt dependents.

Quan la pèrdua ha estat per mort, també són freqüents pors més irracionals; no saben explicar de què tenen por, però sovint es desperten amb malsons i sempre volen estar acompanyats per una persona adulta. Cal atendre'ls sempre, acompanyar-los i mai deixar-los sols.

Aquesta por es pot generalitzar a les aules a altres alumnes que tinguin pares o mares malalts o que només convisquin amb un. Aquests poden mostrar-se més inquiets o més afectuosos amb ells, ja que es posen en el lloc del company i temen que els passi alguna cosa semblant. En el cas de separació de la parella, també tenen por del futur per la inseguretat que els crea: "Què passarà ara?"; "On viurem?"; "Tindrem prou diners?"...

• *La inseguretat*

Els nens i les nenes necessiten molta seguretat per desenvolupar-se sense traumes i bloquejos, i les pèrdues per mort els provoquen inseguretat: "Qui tindrà cura de mi?"; "Qui em farà el menjar?"... Són qüestions que es plantegen encara que no les gosin dir. També pensen en la mort pròpia o en la d'una altra persona de l'entorn familiar.

També necessiten sentir-se protegits, i quan tot es desmunta per una pèrdua tan important com és la mort d'una persona significativa poden sentir-se indefensos, i això els provoca angoixa, malestar, molèsties físiques...

El centre educatiu esdevé molt important en els moments d'una pèrdua familiar, ja que els dóna la seguretat que no hi ha a la seva llar en aquests moments.

• *La incertesa*

Aquesta emoció també és molt freqüent i normal quan s'ha produït una pèrdua en el context familiar. La falta de coneixement sobre què passarà en un futur pròxim augmenta la inseguretat i provoca incertesa. Davant d'una pèrdua són molts els canvis que es produeixen en el nucli familiar: en les rutines diàries, en el temps d'oci, amb estades temporals a casa d'altres familiars... En els casos de malalties prolongades, es donen molts moments d'incertesa, de males notícies, amb pics d'esperança, que quan no acaben satisfactòriament fan que el desencís i el disgust dels nens siguin molt més grans. Tot això els provoca angoixa i malestar. Cal que els anem explicant sempre les decisions que es prenen. I des de l'escola o l'institut cal ajudar les famílies que els en facin partícips.

• ***L'enyorança***

La mort o separació d'una persona molt estimada i significativa pot portar a buscar-la, a cridar-la, a tenir somnis repetitius amb ella o sentiments de presència. Aquesta emoció fluctua entre l'esperança de recuperar la persona i el desengany continu de la realitat.

Com més alt sigui el vincle amb la persona morta més enyorança es percebrà, sobretot en els moments de solitud. L'absència física, el contacte, les olors, les mirades o abraçades se sumen a la pena de la pèrdua, provocant encara més dolor.

• ***La tristesa***

És l'emoció que associem directament a una pèrdua i que embolcalla les emocions que hem citat fins ara. N'és com el teló de fons. Les persones en dol poden estar molt temps amb aquest sentiment, i en els casos més severs i perllongats pot desembocar en una depressió.

La tristesa provoca decaïment, sensació de fatiga, pèrdua d'energia, ganes de no fer res, pensaments confusos, ideacions suïcides…

És fàcil reconèixer un infant trist i depressiu, ja que es mostren tal com se senten.

La tristesa pot aparèixer uns mesos després de la pèrdua, quan tota la situació s'ha tornat a normalitzar, ja que aleshores la nostàlgia i l'enyorança es fan més presents.

Segons l'edat, els nens i nenes perceben la pèrdua com a transitòria i s'enfaden després d'un temps de veure que aquella persona no torna; se senten enganyats.

- ***Sentiment d'alleujament***

És normal sentir alleujament després d'haver vist patir i deteriorar-se una persona estimada durant molt temps. Cal validar aquest sentiment, ja que es pot sentir culpabilitat pel fet de sentir-se alleujat per aquesta mort. Evitarem dir frases com: "Ara ja no pateix"; "Millor així"; "Era la seva hora"...

4.6. Validar i normalitzar les emocions

Quan fem preguntes als infants, és possible que no obtinguem resposta. Molts infants o adolescents en dol es mostren poc comunicatius. Els podem ajudar expressant nosaltres el que poden estar sentint, per exemple: "Estàs molt enfadat/da, oi?"; "Tens tota la raó d'estar-ho, el que t'ha passat és molt greu"... Cal deixar espais de silenci després de cada pregunta o frase que els diguem per facilitar l'expressió emocional.

Així legitimem i normalitzem la seva emoció, la validem. Pot semblar una idea molt simple, però el cert és que no sentir reconegut el seu dol o el seu estat anímic fa estar malament moltes persones.

Es tracta d'un reconeixement, tant de la persona com del seu dolor. I això l'alleujarà molt i entendrà que estem comprenent, en la mesura que podem, el seu estat d'ànim. L'infant o adolescent ha de percebre la nostra empatia, és a dir, que el seu dolor ens impacta, que estem al seu costat per acompanyar-lo i ajudar-lo.

4.7. No donar consells

La persona en dol no necessita els nostres consells, i la nostra cultura tendeix a donar-ne molts. Ho fem amb la més bona intenció, però en realitat el que volem és que la persona surti del dolor quan i com nosaltres vulguem o creguem. Hem de deixar manifestar el dolor en tota la seva expansió i manifestació. No podem avortar-lo amb frases com: "El que has de fer és distreure't"; "Vinga, arregla't i anem a fer un volt"; "No hi pensis més"... En canvi, podem preguntar: "Què necessites?"; "Com puc ajudar-te?"...

4.8. Estar disponibles

La persona en dol ha de saber que "estem disponibles". Estar per escoltar, per acompanyar, per sostenir el plor, el dolor, la desesperació, la ràbia...

Això implica estar disposats a donar el nostre temps sense presses ni condicionants: ESTAR en majúscules. Podem fer companyia, acompanyar a fer tràmits, cuinar, atendre trucades telefòniques..., tot allò que la persona ens demani o que intuïm que necessita, sempre respectant els silencis i la seva intimitat.

Des del centre educatiu es pot expressar a la família o a l'alumne el condol i oferir-nos per a tot allò que necessitin. Cal entendre l'alteració familiar que suposa una pèrdua o una malaltia greu, i agrairan qualsevol suport que des del centre es pugui oferir.

4.9. Ser un model emocional

Mestres i familiars hauríem d'expressar els nostres sentiments davant dels infants. No amagar-nos per plorar quan donem una notícia trista. Expressar els nostres sentiments davant d'ells els ajudarà a no amagar els seus i deixar fluir les seves emocions. Només en els casos en què les emocions se'ns desbordin, haurem de deixar que un altre mestre o professor es faci càrrec de l'aula, ja que els nens i joves també necessiten seguretat i fermesa, però no hem de tenir por d'expressar com ens sentim davant d'ells. Plorar junts uneix i enforteix els vincles.

4.10. No jutjar ni comparar

Haurem d'explicar als nostres alumnes que no podem jutjar cap comportament de les persones que estan en dol. Socialment no es veu bé, per exemple, que una persona en dol es diverteixi o surti massa, o bé que estigui massa temps trista i poc sociable.

No hi ha cap dol igual; per tant, no es poden comparar. Tampoc ho és el moment personal en què una persona es troba quan pateix una pèrdua. Pot ser que tinguem més vincle, per exemple, amb algunes amistats, veïns o mascotes que amb alguns familiars amb els quals no ens relacionem gaire. I no per això hem de sentir-nos culpables de sentir més o menys dolor per una pèrdua determinada.

4.11. Atendre les petites molèsties físiques

Molts nens i nenes no poden verbalitzar les seves emocions. Senten malestar però no saben ben bé què els passa. Aleshores somatitzen algunes molèsties físiques: mals de cap, de panxa, vòmits...

Una manera d'arribar a ells emocionalment és atendre'ls, fer-los cas des d'aquestes demandes d'atenció i no menystenir-les, ja que són una porta d'entrada a la comunicació. No els direm, per exemple: "Un altre cop mal de cap!"; "Això és una excusa per no fer els deures o per no anar a l'escola...", etc. Atenent el seu malestar alleugerirem el seu dolor: "Vine, que et faré un massatge"; "Em sap greu que no et trobis bé"; "Què et sembla que se't posaria bé per sopar?"...

4.12. Més dosi d'afecte

Un infant en dol necessita una dosi molt més alta d'afecte. Si ha mort el pare o la mare, reclamarà més afecte tant a l'escola com a casa. Alguns mestres o familiars dubten a l'hora de donar més afecte quan l'infant els reclama, perquè temen que aquest es torni més dependent.

Una altra situació que pot donar-se és que sigui l'adult qui es distancia de l'infant, per por que li sobrevingui el plor i no poder controlar-lo. Però, justament, el que l'infant necessita és més contacte físic i més afecte que mai per no sentir-se sol.

A vegades poden mostrar-se distants i poc sociables; en aquest cas, caldrà veure la millor manera d'apropar-nos-hi, ja sigui a través d'alguna cosa que els agradi fer, d'una sortida a la natura, cuinar amb ells, compartir alguna activitat... Si compartim el seu dolor, en un moment o altre és possible que ens hi puguem comunicar. Mentre això no sigui possible, la comunicació no verbal serà una gran aliada.

4.13. La comunicació no verbal

Els infants i adolescents han de percebre que tenen el nostre suport emocional. Cal que estiguem molt atents i mostrar-nos molt sensibles als petits canvis o actituds que puguin tenir en un moment donat. I hem d'estar preparats per donar la resposta adequada. A vegades, no calen paraules, i només amb una abraçada, un toc a l'espatlla, una mirada... els podem dir: "Estic amb tu". La comunicació no verbal és molt important i potent en els moments que la persona entra en dolor.

D'altra banda, els infants i adolescents en dol solen expressar les seves emocions amb diferents llenguatges: el joc simbòlic, el dibuix, el modelatge, la pintura... Caldrà estar atents a totes aquestes expressions, que ens orientaran per on està transitant el seu dol.

4.14. Les pèrdues associades

Quan es produeix una pèrdua per mort o separació, es desencadenen un munt d'altres pèrdues que passen força desapercebudes a l'entorn social, familiar o escolar.

Una pèrdua, separació de parella o absència per llargues malalties o ingressos provoca canvis molt significatius que afecten molts aspectes de la vida personal: es perd físicament la persona, es perd una organització familiar i tot allò que feies amb aquella persona o en família. Es perd un projecte en comú, una vida familiar, els temps d'oci, es perden també amistats o familiars, que davant de tant dolor s'aparten perquè no saben com comportar-se o què dir. Es protegeixen del dolor sense saber que n'estan provocant més. (Vegeu l'apartat 3, "Altres pèrdues significatives".)

Cal observar i tenir presents aquestes pèrdues per poder donar el suport adequat.

4.15. Canvi de rols

Totes les pèrdues provoquen canvis. En el cas de la mort d'una persona de la unitat familiar, hi ha un canvi de rols dins del sistema. Aquest canvi pot venir donat pel lloc que ocupava la persona morta. Per exemple, en el cas de germans, si mor el germà petit, el que queda passa a ser fill únic, o bé si tenia més germans, tornarà a ser el petit, quan ja feia un temps que havia deixat de ser-ho. Si qui es mor és el pare o la mare, els nois o noies més grans tendeixen, inconscientment, a ocupar el rol del progenitor absent. Això els genera una responsabilitat que no els pertoca i que a vegades és alimentada amb frases com: "Ara ets l'home de la família".

És molt important tenir present aquesta nova situació, ja que l'infant o l'adolescent es pot trobar molt desorientat en el seu nou rol, i tenir conductes o actituds que no li pertoquen per la seva edat. Per exemple, un excés de responsabilitat i protecció en el cas de pèrdua d'un progenitor, o bé regressions, com fer-se el pipí al llit, parlar com un nen petit...

4.16. Sobre les creences

Una de les qüestions que més angoixa els adults és que els infants o adolescents preguntin sobre què passa després de morir. Possiblement, aquest temor ve donat pel fet de no haver-s'ho plantejat abans. En general, no es vol pensar en aquest tema o bé es comparteix poc.

Angoixa pensar que si donem peu a parlar d'aquest tema podem no trobar les respostes adequades a les seves preguntes, com per exemple "Què passa després de morir?". Hem de ser honestos i donar la nostra opinió, si la tenim formada al respecte, o bé dir: "No ho sé", o bé: "Jo crec que..."; "Hi ha gent que creu que...". Així, a poc a poc, l'infant s'anirà formant les seves pròpies creences. També és bo de retornar-los la pregunta per fer-los reflexionar o debatre sobre el tema: "I tu, què en penses?".

Hem d'explicar als nostres alumnes i fills que la mort és irreversible i universal: les persones o animals deixen de respirar, de moure's i no tenen gana, son ni fred... Però que d'alguna manera queden amb i en nosaltres. Explicar que malgrat el dolor de la pèrdua, aquella persona formarà part de la nostra vida per sempre, ningú ens prendrà tot el que ens va donar en vida ni el rol que va ocupar, i que el podem fer present amb el record sempre que ho necessitem.

...Irem al riu, escoltarem
les aigües, riu avall.
Però jo sé tot el que mor
i el que no passa mai.

Tomàs Garcés, "Cançó fidel"

5. Com entenen la mort els infants

La idea de la mort, ja sigui com a antítesi o com a complement de la vida, requereix mecanismes molt elaborats d'abstracció i d'interiorització, a més d'estar associada a una forta càrrega emocional, per la qual cosa en la infància difícilment es pot ser conscient de l'abast d'aquest concepte. Això no vol dir que l'infant no pugui entendre la mort sinó que, segons la seva edat, ho farà d'una forma diferent de com ho pot fer un adult.

Esquerda, M.; Agustí, A. M., *El nen i la mort*

Les característiques de l'evolució del dol en els infants i les seves reaccions posteriors dependran de molts factors:

- Del vincle amb la persona morta.
- Del seu desenvolupament emocional.
- De la seva maduresa cognitiva.
- Del seu entorn cultural.
- De les creences familiars.
- De la seva comprensió del concepte mort.
- De la situació familiar després de la pèrdua.
- Dels suports que se li puguin oferir.
- De les circumstàncies de la mort.

Per comprendre del tot el concepte de mort, els infants també han de poder entendre els conceptes següents:

- **Irreversibilitat**: comprendre que allò que passa és per sempre.
- **Universalitat**: la mort afecta tots els éssers vius.
- **No-funcionalitat**: no hi ha moviment ni funcions corporals.

Aquestes són algunes orientacions sobre com perceben o reaccionen a les pèrdues els nens i nenes de diferents edats, però cal tenir en compte que variaran en funció dels factors descrits:

5.1. Nadons (0-2 anys)

En aquesta edat no poden entendre el significat d'una pèrdua però sí que reaccionen al seu entorn, al canvi d'hàbits, al canvi d'ambient de la seva llar, als estats d'ànim de les persones que en tenen cura. Si la pèrdua és molt significativa, per exemple la mare, és normal que es mostrin molt irritables, amb plors desconsolats, amb ansietat, amb alteracions de la gana o del son... Amb altres pèrdues respondran també a l'ambient que perceben del seu entorn, al to de les paraules, de les mirades, del contacte físic...

Cal donar-los seguretat, molt d'afecte, mantenir les rutines diàries... Sobretot s'han de sentir estimats i protegits. És molt important seguir comunicant-se amb ells, consolar-los quan plorin, plorar amb ells, atendre les seves demandes amb afecte, amb abraçades...

5.2. Infants de 2 a 5 anys

Les reaccions davant d'una pèrdua important en aquesta edat són imprevisibles i a vegades ens poden sorprendre en mostrar-se com indiferents. En aquesta etapa són molt egocèntrics i necessiten saber que les seves necessitats seran cobertes. Pregunten coses concretes, senten curiositat, però no poden entendre encara que la mort és irreversible i universal. Per aquest motiu, malgrat que se'ls hagi explicat diverses vegades que la persona ha mort, pregunten: "I quan tornarà?". Se'ls pot explicar des del concepte de la no-funcionalitat: la persona ja no respira, no menja, no es mou, no sent dolor... i no tornarà.

En els moments que entri en dolor, perquè sent l'absència, el plor, l'ansietat o l'enuig seran intermitents i pot passar amb molta facilitat del plor al joc.

S'ha d'intentar no trencar les rutines, ja que aquestes els ajuden a comprendre que hi ha aspectes que segueixen sent estables. També cal facilitar que comparteixin les emocions, facin preguntes i participin en les converses, tant a l'escola com a casa. També és molt important que les seves preguntes no quedin sense resposta. Han de ser clares i senzilles, evitant les metàfores, ja que són molt literals.

Quan anem a dormir jo m estiro amb ell fins que s'adorm. Em diu que troba a faltar la mama, i jo sempre li dic que jo també, que estic trist i que penso molt amb ella, però que per sort tinc el millor fill del món i que això em fa estar content. Pràcticament cada dia em pregunta sobre la mort: 'Quan em moriré?' 'Primer et moriràs tu o jo?' 'Per què la mama s'ha mort?'... Em fa moltes abraçades i molts petons (sempre ha estat molt carinyós, però des que va morir la seva mare encara més). Ens diem mútuament que ens estimem molt (diverses vegades). I després es queda adormit.

Carles G, pare d'en Marçal, de 4 anys

5.3. Infants de 6 a 10 anys

A partir dels sis o set anys, aproximadament, el pensament màgic va desapareixent i els infants van prenent consciència de què significa la mort. Comencen a diferenciar fantasia i realitat, senten molta curiositat per temes molt diversos i ja coneixen el cicle vital comú a tots els éssers vius (que sempre s'acaba amb la mort).

Es pot parlar amb ells de les pors, les diferents creences, les religions... Cal explicar-los bé les causes de la mort i deixar que parlin, que s'expressin, escoltar-los i respondre a les seves preguntes, donant-los sempre tranquil·litat i seguretat.

Quan pateixen una pèrdua molt significativa, senten molt dolor i també impotència. Els costa d'entendre, ja que els conceptes d'irreversibilitat i universalitat els comencen a percebre, però quan la pèrdua és molt propera se senten molt vulnerables, tenen por de morir ells o que mori algú proper.

> *Poc després, els crits de dolor se senten des del carrer. Jo em trenco, mai no havia sentit el meu fill, ni ningú, cridar d'aquesta manera, i no hi puc fer res, no el puc ajudar.*
>
> Montse Felip

Són normals les regressions, com tornar a fer-se el pipí al llit, xumar-se el dit o fer-se més petits perquè els adults no els abandonin. Necessiten sentir-se molt protegits, i parlar de què ha passat i saber el perquè.

5.4. A partir dels 10 anys

A partir d'aquesta edat es poden sentir molt incompresos pel seu entorn davant d'una pèrdua important i mostrar-se irritables, rebels, amb canvis d'humor sobtats o fer veure que no els afecta. Se senten commoguts i confosos i, en general, les seves emocions es manifesten amb molta intensitat.

Ja entenen els conceptes d'irreversibilitat i universalitat i es plantegen la mort pròpia i la dels altres. En parlen a través de l'humor, el joc o les històries de por. Però quan viuen de prop una mort significativa entren en una reflexió profunda sobre les creences, sobre el significat de la vida i la mort, i es pregunten constantment: "Per què a mi?"; "Què passa després de la mort?"; "Quin sentit té viure si hem de morir?"...

El fet de ser-ne més conscients els porta a sentir més dolor i tenir forts sentiments de ràbia, culpabilitat o ressentiment. Necessiten que se'ls tingui en compte en les decisions que pren la família o el centre educatiu: participació en els funerals, visita al tanatori, comiat de la persona, preparació d'un ritual... També necessiten poder parlar amb persones properes del que estan vivint i sentir a prop les seves amistats, que, ben orientades, faran de bons acompanyants.

Cal deixar-los participar activament en la preparació de rituals i acompanyar-los amb molta comprensió i respecte. Han de saber que estem disponibles per escoltar-los, que no els jutgem, que tenim en compte les seves opinions i, sobretot, que respectem la seva intimitat.

Recordo que la primera pregunta va ser: I com estan?, i tot seguit les llàgrimes van omplir els ulls de la meva mare. No feia falta dir res més, les paraules sobraven. Recordo preguntar qui d'ells havia mort, i quan em va dir la Jana, vaig marxar corrents a l'habitació, em vaig posar el coixí del llit a la cara i vaig començar a plorar. En Joan no va entendre gaire què passava, i encara menys en Lluc, però recordo que la meva mare va venir a l'habitació i li vaig demanar que marxés. [...] Suposo que la reacció d'anar-me'n a l'habitació a plorar era pura ràbia, ràbia i alhora negació que no podia estar passant, que no podia ser veritat.

Sira Sureda

Decàleg de referència: parlant de la mort amb els infants

(Concepció Poch)

• No mentir és essencial. Si no tenim una resposta concreta, no hem de sentir por de reconèixer-ho.

• Mai donarem explicacions més enllà de la comprensió del nen o nena.

• Hauríem de parlar de la mort abans que l'infant es vegi emocionalment vinculat a una situació de dol.

• Hi ha moltes ocasions que ho permeten: la visita a una església, a un cementiri, una flor que es marceix, un animal que es mor...

• No hem de vincular la mort a una contrarietat o dificultat, ni a una malaltia lleu o passatgera. Hem d'explicar què produeix la mort.

• Hem d'utilitzar la paraula mort i eliminar eufemismes com "Ja descansa"; "Se n'ha anat de viatge"; "Està dormint"...

• Hem de donar l'oportunitat als nens i a les nenes de parlar de la persona morta i respectar el seu dolor emocional.

• S'ha de remarcar la irreversibilitat de la mort i no donar peu a falses expectatives de retorn.

• Hem d'avisar la tutora, psicòloga o professora, si el nen o adolescent és a l'escola, en el cas que haguéssim de comunicar-li la mort d'algú a qui estima. Això afavorirà que els seus companys puguin donar-li consol en lloc d'"intentar distreure'l".

• Mai hem d'amagar el nostre dolor ni tancar-nos per plorar d'amagat. És bo mostrar que els adults també som vulnerables i que volem compartir la seva tristesa.

• Hem de considerar la possibilitat de crear grups de suport: igual que els adults, els nens i joves també necessiten alè i amistat.

6. El procés de dol

En el procés de dol no hi ha temps. Cada persona és diferent i pot necessitar mesos o anys per superar una pèrdua significativa. En el cas dels infants, l'edat és un factor molt important, ja que, per exemple, una criatura que pateix la pèrdua d'una persona molt significativa abans dels cinc o sis anys, pot no entendre què passa, pot pensar que la persona tornarà i aleshores iniciar el procés de dol més tard, a mesura que va madurant i sent conscient de la pèrdua.

Una mare m'explica com la seva filla de quatre anys anava contenta a les sessions amb una psicòloga després de la mort sobtada del pare. Li havien dit que aquesta professional les podria ajudar amb el que els havia passat. La nena es va imaginar que la psicòloga les ajudaria a trobar el seu pare. Es va enfadar molt quan un any després va descobrir que no era així i no va voler tornar-hi.

També es donen els casos dels dols silenciats o no autoritzats (dol perinatal, d'amants, de mascotes...); diferits o inhibits (dols que no s'han fet en el seu moment per diverses raons); dols complicats (suma de diferents factors); dols crònics, dols patològics... Més tard o més d'hora, davant d'una altra pèrdua, pot ressorgir tot el dolor no elaborat, malgrat que hagin passat anys. Però, en general, sempre s'és a temps per iniciar i poder fer un bon procés de dol.

Molts autors afirmen que el procés de pèrdua es dóna seguint unes etapes o fases, però actualment hi ha professionals que hi estan d'acord i altres que no. Alba Payàs, en el seu darrer llibre, *El mensaje de las lágrimas*, comenta que no hi ha un model únic que expliqui com se superen les pèrdues importants de la vida i que es pugui generalitzar. La realitat, segons Alba Payàs, és que les etapes se superposen.

El procés de dol també dependrà de les circumstàncies en què s'ha produït la mort o la pèrdua: la relació que es tenia amb la persona; si la mort ha estat traumàtica i/o mediàtica (suïcidis, assassinats, atemptats...); si hi ha hagut més d'una mort o pèrdues associades; el grau de dependència física, emocional o econòmica; els assumptes pendents...

Les diferents fases que han descrit diferents especialistes ens poden ajudar a entendre aquest procés, ja que ens mostren a grans trets per on es transita quan s'està en dol:

- Elisabeth Kübler-Ross (1926-2004), doctora en Medicina i Psiquiatria i pionera en aquest camp, va establir que hi havia cinc fases per superar un dol (1969):
  - Negació
  - Ira
  - Pacte
  - Depressió
  - Acceptació
- Arnaldo Pangrazzi, sacerdot i doctor en Teologia, va descriure les següents:
  - Prendre consciència de què ha passat i reconèixer les pròpies emocions.
  - Comprendre per què es tenen determinats sentiments, ser tolerants amb un mateix i poder-los manifestar.
  - Acceptar el que ha passat, d'una forma real.
  - Expressar la pena, el dolor, la ràbia, la culpa...
  - Integrar la nova realitat a la vida, fent un itinerari personal de recerca.

- J. William Worden, professor i psicòleg de la Harvard Medical School, va associar a les fases la idea que les persones en dol havien de dur a terme unes tasques per tal d'elaborar el seu dol i adaptar-se a la pèrdua:

    - Acceptar la realitat de la pèrdua.
    - Experimentar el dolor del dol.
    - Adaptar-se a un ambient on la persona morta no hi és.
    - Recol·locar la persona morta emocionalment i seguir amb la vida.

- Anji Carmelo, doctora en Metafísica i autora de diversos llibres sobre el dol, descriu les fases següents:

    - Estat de xoc
    - Dolor insuportable
    - Dolor portable
    - Dolor acceptat
    - Recuperació

- Alba Payàs, psicoterapeuta i experta en el tractament del dol i el trauma, descriu les següents fases en el seu llibre *El mensaje de las làgrimas*:

    - Trauma-Xoc
    - Protecció-Negació
    - Integració-Connexió
    - Creixement-Transformació

Les circumstàncies personals de cada pèrdua seran les que ens faran transitar amb més o menys intensitat per aquestes etapes o estats d'ànim.

7. Manifestacions i símptomes en els processos de dol

En Dan està trist, enfadat i malhumorat.
En Dan viu en un desert gris fosc des que no pot abraçar la seva mare.
Ella ha mort i, tot i que està cansat, en Dan ha de recórrer
el camí per arribar al món dels colors.

Conte *El Camí d'en Dan. Un conte per parlar de la mort de la mare*

El procés de dol està molt associat a les emocions i sentiments que es manifesten, però la realitat és que afecta la totalitat de la persona. Tenir en compte totes aquestes manifestacions i símptomes ajudarà a entendre què està passant quan es viu un dol profund:

7.1. Manifestacions i símptomes

- **En l'àmbit cognitiu:** manca de concentració, manca de memòria, sensació d'irrealitat, obsessions, incredulitat, confusió, preocupació, sentit de presència, al·lucinacions, somnis estranys...

- **En l'àmbit fisiològic:** sensació de falta d'aire, migranya, opressió al pit, trastorns del son o alimentaris, problemes gastrointestinals, sensació de buit a l'estómac, pèrdua de gana, cansament, hipersensibilitat al soroll, sequedat a la boca, sospirs, mareig, nàusees…

- **En l'àmbit conductual:** hiperactivitat o apatia, distraccions, agressivitat, evitar o freqüentar records, buscar la persona morta o parlar amb ella, desorganització, plor, sospirar, portar objectes de la persona morta, anar molt al cementiri...

- **En l'àmbit emocional:** sentiments d'impotència, irritabilitat, soledat, tristesa, por, angoixa, culpa, enuig, ràbia, ansietat, insensibilitat, anhel...

- **En l'àmbit social:** necessitat d'aïllament, assumpció de nous rols, canvi d'amistats...

- **En l'àmbit espiritual:** pèrdua o recerca del sentit de la vida, canvi de creences...

7.2. Diferències entre el dol infantil i el dol adult

Els infants necessiten un acompanyament específic, perquè estan en ple desenvolupament i el seu procés de dol té unes característiques diferenciades del dol adult:

- El dol dels infants pot ser més llarg pels seus canvis evolutius.
- En general, no es retreuen.
- Es poden tornar insistents i demandants amb els adults.
- Necessiten percebre que les seves necessitats immediates estan cobertes.
- Les seves emocions fluctuen i varien en poc espai de temps.
- Poden passar amb facilitat de la tristesa a l'alegria.
- Es permeten estar alegres, perquè no es jutgen.
- Socialment, no se'ls permet estar tristos.
- Ho volen saber tot, ja que perceben tot el que passa al seu entorn.
- No toleren les mentides.

7.3. Signes d'alerta

El que més preocupa el pare o la mare després de la mort d'un d'ells, d'un fill o filla, o d'una altra pèrdua significativa, és la salut emocional dels altres fills, i en molts casos el primer que fan és demanar ajuda psicològica.

Per oferir un bon suport als infants en dol, el millor ajut que poden tenir és el suport de les persones properes: familiars, mestres, amistats... El dol no és cap malaltia ni cap trastorn, és un procés amb una simptomatologia concreta, que cal conèixer per fer un bon acompanyament. És convenient que el pare, la mare o els mestres que es troben en situacions de pèrdua demanin suport específic. Amb les indicacions i orientacions de persones expertes en processos de dol, podran atendre millor les necessitats dels fills i/o alumnes.

Tot i així, cal observar i estar alerta. Alguns dols són complicats per la suma de diversos factors i poden esdevenir patològics. Es calcula que aproximadament un deu per cent dels dols ho acaben sent.

Algunes de les manifestacions següents poden ser indicadores d'un dol complicat **si perduren en el temps o bé si es donen amb molta intensitat**. Per tant, caldrà demanar ajuda especialitzada en els casos següents:

- Si l'infant s'aïlla, es tanca, no mira a la cara, no participa en activitats, mostra poc interès pel joc...
- Si plora en excés durant períodes prolongats.
- Si pateix pèrdua de gana o de pes.
- Si demana molta atenció o té actituds de regressió molt intenses.
- Si es culpabilitza de forma persistent.
- Si sobreprotegeix els altres, es responsabilitza, fa de pare o mare...
- Si mostra molta hiperactivitat o falta de concentració continuada.
- Si molt sovint es mostra molt irritable, amb molta agressivitat, fora de control o amb conductes de risc.
- Si mostra persistència en la negació de la pèrdua.

- Si té insomni, molta angoixa o eufòria sostinguda.
- Si imita en excés la persona que ha mort.
- Si hi ha canvis important en el rendiment escolar.
- En el cas dels adolescents, consum d'alcohol, tabac...

Caldrà tenir en compte, doncs:

- La varietat i la simultaneïtat de les emocions pròpies dels processos de dol descrites a l'apartat "Aspectes clau per a un bon acompanyament emocional".
- Les manifestacions i símptomes descrits en aquest apartat.
- Les característiques diferencials del dol infantil versus el dol adult.
- Els signes d'alerta descrits en aquest apartat.

8. Propostes i recursos

Les activitats següents us poden ser útils tant per treballar preventivament com quan ja s'hagi patit una pèrdua.

A la bibliografia adjunta hi ha la ressenya del llibre *Del viure i del morir. Propostes per acostar-nos a l'experiència de la finitud*, d'Anna Nolla, on trobareu recursos per a cada etapa educativa amb orientacions didàctiques per tractar la mort i el dol a l'aula.

8.1. En el cas d'una mort inesperada

Activitats col·lectives

- En un primer moment d'impacte i després d'haver comunicat a l'alumnat una mort, és recomanable de fer alguna activitat relaxant o d'alliberament emocional, per exemple pintar un mandala, que fàcilment podem tenir preparat, ja que n'hi ha molts models a Internet i en llibres específics.
- Escoltar música en record de la persona que ha mort.
- Posar nom a les emocions, verbalitzar-les, dibuixar-les...
- Crear un racó de dol o de record de la persona morta, a l'aula o en algun espai del centre.
- Fer composicions manuals, treballs artístics, pintura, dedicats a la persona que ha mort.
- Iniciar l'elaboració d'un llibre de record.
- Preparar un homenatge o ritual.
- Sortir a la natura per evocar la persona morta.

Activitats individuals

- Escriure sobre els sentiments propis.
- Redactar una carta a la persona morta.
- Dibuixar expressant sentiments o records.
- Fer una caixa de record amb petits objectes, dibuixos...

8.2. Per treballar la mort i el dol de forma preventiva

- Per al més petits, fer parlar titelles o ninos per expressar sentiments.
- Aturar-nos en les lectures i contes quan es parla de la mort. Parlar-ne obertament.
- Treballar cançons o poemes que parlin de la mort.
- Escoltar els infants o adolescents quan ens comuniquen una pèrdua. Donar suport col·lectiu.
- Veure pel·lícules relacionades amb pèrdues i comentar-les.

Els Centres de Recursos Pedagògics disposen de llibres, contes i pel·lícules amb guies didàctiques per treballar el dol i les pèrdues a l'aula.

VIURE EL DOL

9. El dol col·lectiu

Les paraules de dolor compartides obren els nostres cors i els uneixen. Aleshores, el nostre dol, fa menys mal.

Alba Payàs, *El mensaje de las làgrimas*

El dol és un procés íntim i privat, però quan es comparteix a nivell col·lectiu aporta beneficis que ajuden a elaborar un bon dol personal.

Beneficis del dol col·lectiu

- En el dol col·lectiu no és necessari explicar què ens passa, i això suposa un alleujament. Moltes persones en dol se senten incompreses amb l'entorn, però quan tothom n'està al cas, la persona no ha d'explicar contínuament el perquè de la seva actitud o estat d'ànim i això alleugereix el seu dolor.
- Quan no s'ha passat mai un dol, es pot tenir la tendència a jutjar actituds o situacions (plorar molt o poc, riure, aïllar-se, estar en silenci...). El fet de viure i d'expressar les emocions públicament ens ajuda a conèixer millor les amistats, els mestres, els familiars..., i també les diferents manifestacions de dolor.
- Sorgeixen sentiments i reaccions que desconeixíem, nostres i dels altres. Ens podem donar un suport més efectiu perquè coneixem les circumstàncies del que ha passat.
- El dolor compartit enforteix els vincles i crea lligams emocionals íntims.

Hem tancat els ulls i t'hem sentit riure...
Fa gairebé un any que vas marxar i és difícil imaginar-te absent per sempre,
però el teu record ens fa viure't intensament.
Ens agafarem fort de les mans i cridarem als quatre vents...: 'T'enyorem!'
Tancarem els ulls fort per recordar-te, els obrirem i somriurem
per seguir vivint feliços amb el teu record, perquè allà
on anem sempre estàs amb nosaltres.
Aquí ens has deixat un sentiment que no es pot definir i uns lligams
d'amor i força que cada dia són més intensos.
Les petjades de les persones que van caminar juntes, mai s'esborren.

Lourdes Ruiz , en memòria de l'Andrea, que va morir als quatre anys

- El suport mutu reconforta i afavoreix una millor recuperació.
- Augmenta el creixement personal per les múltiples i variades emocions que es comparteixen.
- El nivell de consciència s'eleva. Es comparteixen dubtes vitals, diferents maneres de viure la vida, la mort, la religió o l'espiritualitat.
- És un aprenentatge per a tota la vida. Els moments viscuts deixen una forta empremta i queden gravats per sempre, ja que deixen impregnacions cognitives, emocionals, sensorials...
- Ens posa a prova la nostra empatia, ja que enfronta les nostres emocions en relació amb els altres.
- S'aprèn a relacionar-se en situació de dol i a gestionar les pròpies emocions.
- Es dóna molt contacte físic (abraçades, carícies, petons, mirades...), que facilita l'alleujament de l'ansietat, la por, la solitud..., tant a les persones adultes com als infants.
- En el cas de mort d'una persona de la comunitat educativa (adulta o infant), tothom, encara que a diferents nivells, sent el dolor i és difícil l'evitació.

Això permet donar atenció, validar i donar suport a tot el grup.

• L'elaboració conjunta del dol permet practicar l'escolta activa i donar una atenció plena a l'alumnat.

• Permet treballar en grup habilitats de relaxació, respiració, meditació...

• La relació entre iguals afavoreix sanar el dol: els nens i les nenes tenen una capacitat innata per afrontar el dol i, si els en donem l'oportunitat, trobaran les paraules i els gestos adequats. Si no se'n parla a l'aula, hi ha infants que per desconeixement poden dirigir-se als companys en dol i dir-los frases poc oportunes que els causin més dolor, mentre que si en parlem obertament, es posaran al seu lloc i sabran acompanyar bé, ja que són molt empàtics de mena.

No estem massa acostumats a aquestes situacions que ens provoquen un món de noves sensacions i també de dubtes.
On la ment no abasta ens calen la mà, el cor i la paraula.

Joan Galí, mestre jubilat de l'Aulet

- La participació en rituals i actes de comiat ens enfronta als nostres propis dols i pèrdues. Per aquest motiu, també ajuda en l'elaboració dels dols personals. Ens emocionem i plorem per la persona que acomiadem però també per les pèrdues pròpies. Es diu que aproximadament un 80% del dolor expressat en un comiat és pels dols personals, mentre que un 20% ho és per la persona que ha mort. I no ens hem de jutjar per aquest motiu, és una reacció normal i positiva.
- Els nens i les nenes, apartats normalment de les morts i enterraments, passen a ser-ne els protagonistes. Poden fer propostes, expressar-se, consolar-se...
- És una oportunitat per entendre que tot el que ens passa estant en dol és normal, ja que podem observar múltiples respostes simultànies: dolor, llàgrimes, enuig, canvis d'humor, tristesa, pena…, així com estones per riure o seguir jugant. Aquest és un gran aprenentatge que fa l'alumnat que experimenta un dol col·lectiu: veure que, malgrat la tristesa, la vida continua, i com és d'important compartir els sentiments que van sorgint.
- Hi ha un interès públic per la persona que ha mort que ajuda en el dol dels familiars. Se sentiran reconfortats amb el suport del centre, del poble...
- Un dol compartit amb un ritual col·lectiu esdevé un dol reconegut, i per tant, pot ser expressat públicament i la comunitat hi pot donar suport.
- Després del treball d'un dol col·lectiu s'aprèn, a poc a poc, a viure des de la pau, la serenitat i l'acceptació.

10. Organitzar un comiat col·lectiu

L'amplada d'una vida és molt més important que la seva llargada.

Tew Bunnag, *El temps del lotus*

Quan un centre educatiu s'enfronta a una o diverses pèrdues per mort d'alumnes, professorat o personal no docent, és molt important dur a terme un comiat col·lectiu per tots els beneficis que s'han indicat en l'apartat anterior.

Caldrà tenir en compte la religió o les creences de la família afectada per poder acompanyar-los millor en el seu procés de dol. A la *Guia per al respecte a la diversitat de creences als centres educatius de Catalunya* (2015) trobareu

orientacions pràctiques sobre algunes religions.

Organitzar un acte col·lectiu ens permetrà compartir, expressar i canalitzar el nostre dolor. Els rituals ajuden a integrar la pèrdua, a expressar públicament el dolor afavorint un millor procés de dol i, alhora, creen vincles entre les comunitats.

En aquests moments de convulsió emocional, cal deixar que flueixin les idees de les accions o activitats que s'organitzaran i mai forçar una situació. És molt important una participació activa de l'alumnat. Se'n recolliran els suggeriments i el claustre anirà organitzant la logística de l'acte. Els equip directius han de mostrar molta sensibilitat cap a les diferents propostes i liderar aquest procés, delegant totes aquelles tasques que poden dur a terme alumnes i professorat.

L'acte pot tenir diferents components: música, lectura de textos o poemes, escrits personals, enlairada de globus, encesa d'espelmes, confecció d'un mural, minuts de silenci...

Els actes de comiat personalitzats impliquen un alt grau d'emotivitat, però alhora són molt reconfortants i sanadors. Organitzats amb cura i sensibilitat, perduraran en el temps i en el record de tothom qui l'hagi viscut.

La transcripció de dos actes de comiat de l'Escola L'Aulet de Celrà us poden servir d'exemple per a l'organització d'actes d'aquest tipus.

11. El dol amb les famílies

Quan la desgràcia irromp, quan la desventura fa acte de presència en l'existència i ens sentim aclaparats pel pes del mal, pels ingrats cops de l'atzar, [...] experimentem la necessitat de demanar consol a les persones que tenim a prop.

Francesc Torralba, *Planta cara a la mort*

Les famílies en dol han de saber que el centre educatiu els ofereix el seu suport, que es pot concretar de moltes maneres segons les circumstàncies de la pèrdua o malaltia. És molt important estar al costat de la família en aquests moments.

L'equip directiu i/o els mestres afectats organitzaran el suport que pot oferir el centre.

Aspectes a tenir en compte:

- Establir contacte amb la família al més aviat possible, quan ens assabentem de la pèrdua, accident o malaltia greu.

- Oferir el nostre suport en tot allò que puguin necessitar i puguem oferir com a centre educatiu.
- Assistir i participar, si és el cas, en l'acte de comiat que organitzi la família.
- Visitar o telefonar a la família afectada uns dies després de la pèrdua o regularment en cas de malaltia greu.
- En cas de mort d'alumne o personal del centre, convidar els familiars a assistir a l'acte de comiat que organitzem.
- En cas de mort del seu fill o filla, permetre la participació dels pares en activitats del centre, si manifesten el desig de fer-ho.

Uns dies després de la mort de la Jana, l'Eduard, el seu pare, va anar a la classe de P3 per tornar-los la seva mascota i explicar als nens i nenes on havien estat la Jana i la mascota durant el cap de setmana en què va morir en l'accident. Un altre dia va anar-hi per explicar-los un conte que parlava de la Jana.
En Lluís, pare d'en Pol, va seguir ajudant en diversos treballs d'arranjament de l'amfiteatre de l'escola. També va anar al viatge de fi de curs de 6è, dos anys després de la mort del seu fill, com a fotògraf i acompanyant.

Altres activitats o accions d'elaboració del dol que van fer les famílies:
- El pare de la Jana va fer un mirador a les Gavarres amb finestretes de diferents alçades perquè els nens i nenes hi poguessin mirar en record de la seva filla.
- Uns dies després de la mort de la seva filla, la família va organitzar un passeig-homenatge pels boscos de les Gavarres amb cants, silencis, poemes..., amb familiars, amistats, professorat...
- Els pares d'en Pol i de la Jana van fer una construcció semblant a un túnel feta amb canyes de bambú com a record i amb la finalitat que els

seus amics i amigues hi juguessin tot recordant-los.
• Un any després de la mort d'en Pol, per Sant Jordi, el pare i la mare van obsequiar mestres i amistats més properes amb un llibre dedicat en senyal d'agraïment pel suport rebut.
• La família de la Jana va fer aquest punt de llibre:
"Hem fet un pilar de sis, vosaltres sou la pinya".

Petons dolços com la mel

L'enxaneta tu seràs
d'un pilar que aixecarem junts
fins a tocar el cel;
núvols flonjos de cotó t'acotxaran.
Petons dolços com la mel
jo duc al plec dels pantalons,
per fer-te penjolls;
glopets d'amor
lliscaran al teu coll

Música: Berta Baulida i Palomeras
Lletra: Eduard Baulida

Mirades, somriures, jocs i molt més.
Recordo tots i cadascun dels petons regalats,
de les abraçades, de les seves olors i dels seus cabells.
Recordo racons i moments eterns.
(Sònia Giner)

Margarida. 9è aniversari de la mort de
la meva estimada filla Jana

• La làpida d'en Pol va ser dissenyada com un racó de record per dibuixar, penjar-hi dibuixos, deixar-hi records... Després d'uns anys de la seva mort segueix sent visitada cada any pels seus amics per la diada de Sant Jordi.

Amics d'en Pol, 23 d'abril del 2015

En l'acte de comiat d'en Pol, a l'esplanada del costat del cementiri i mentre la gent anava entrant a dins, ens acompanyava el so melancòlic i trist d' una flauta... La tocava el pare de la Jana des d'un dels passadissos... discretament... Feia cinc setmanes que allà mateix hi reposava la seva filla.

La proximitat de la mort de la Jana i d'en Pol va fer coincidir en el dolor les seves mares i pares, germà i germanes. Uns dies després de tanta convulsió emocional van agrair a l'escola el nostre suport amb aquesta carta d'agraïment al centre:

Som els pares d'en Pol i de la Jana. També ho som de l'Aniol, la Rita, la Berta, la Tura i la Nora, però per a la comunitat educativa, som ara, més que mai, els pares d'en Pol i la Jana.
No imaginem encara la resta de les nostres vides sense ells, però hem començat a tastar-ho. L'escola de L'Aulet en la seva totalitat ens ha ajudat de valent.
Des del primer moment s'han pres les iniciatives oportunes per acollir amb un tacte extraordinari les germanes i cosins de la Jana. El treball col·lectiu del dol ha estat una experiència rica que malauradament s'ha hagut de repetir al cap de ben poc. Assessorament, saviesa i molta sensibilitat han traspuat en els comiats fets a l'escola. Tota aquesta expressió de dol, creieu, no s'improvisa. És fruit de tota una dinàmica d'anys. Solera i pòsit.
Volem agrair a l'equip directiu, al claustre, al personal no docent, als pares i mares i especialment als alumnes de L'Aulet el que heu fet per ajudar-nos aquesta primavera de pluges.
Però encara és més important la feina educativa feta fins aquests moments. Volem recordar l'encert, l'atenció, el carinyo i els esforços esmerçats per mestres i educadors vers en Pol per facilitar-li el dia a dia. Res no s'improvisa. Hi ha molta feina ben feta. La mainada ho agraeix i madura aprenent humanitat a més de matemàtiques i llengua.
Nosaltres, els pares d'en Pol i la Jana, també us ho volem agrair.

Nines, Margarida, Lluís i Eduard.

12. L'experiència viscuda a L'Aulet

Des dels estudis de mestre i a nivell personal, us volem acompanyar, ni que sigui
a través de la paraula i la mirada, en uns moments plens de dolor compartit.
Si una experiència de mort infantil propera és dura,
dues són incomprensibles.
Amb la incomprensió de la mort i el dolor intern ens afegim al vostre plor.
Sempre heu estat, mestres i alumnes, al costat de la formació inicial de mestres.
En aquests moments, som nosaltres que ens volem apropar a vosaltres amb tot
l'aclaparament del dolor per aquestes morts tan sentides i properes.
Disposeu per al que calgui, una abraçada.

Margarida Falgàs, mestra, professora
dels Estudis de Mestre de la FEP-UdG

Aquesta és l'experiència que vam viure a l'escola L'Aulet de Celrà just quan albirava la primavera del 2007: el plor i el dolor de tota una comunitat educativa i de tot un poble per la mort de la Jana i d'en Pol, que, amb un mes de

diferència, deixaven enrere dues petites històries: una de quatre anys i l'altra de nou i mig.

Viure aquestes dues colpidores vivències va ser un repte personal i col·lectiu. Considerem que explicar-les pot ser de gran ajuda per a altres comunitats educatives que es puguin trobar en situacions semblants i un deute amb les famílies i gent molt propera, per perpetuar un record trist, però viu i molt emotiu.

12.1. El comiat de la Jana

La notícia de la mort de la Jana ens va deixar en estat de xoc: mestres, famílies, personal no docent... Al fet tan trist de la mort d'una criatura de quatre anys, s'hi afegia el dolor tan gran de la família, que també plorava la mort de l'avi.

En aquells moments hi havia al centre més de quatre-cents alumnes. L'impacte, doncs, no era tan sols de l'escola, sinó gairebé de tot el poble.

El mateix dia de saber la notícia ens vam posar en contacte amb el Servei de Suport al Dol de Girona, que dirigia l'Alba Payàs. L'estona que vam compartir amb ella un grup de set mestres ens va donar la força i el valor per afrontar el que ens resultava inimaginable. Tot el claustre es va avenir a seguir les orientacions donades i el resultat positiu va superar totes les previsions.

Ens trobàvem a la sala de mestres cada matí abans de començar les classes i també en acabar-les. Necessitàvem posar-nos d'acord per organitzar els actes que es durien a terme: l'acompanyament en el comiat de la família i l'acte que faríem a l'escola. També necessitàvem compartir dubtes, donar-nos suport i compartir emocionalment tot el que anava passant a les aules.

L'endemà de saber la notícia, cada tutor/a va informar la seva aula sobre l'accident i la mort de la Jana. Hi va haver reaccions de tot tipus segons les edats. A partir d'aquí vam començar a pensar què podríem fer per acomiadar-nos d'ella, i anaven sortint idees i les posàvem en comú. Hi havia un desig molt gran i també molta necessitat d'expressar el dolor que sentíem, així que vam pensar que una manera de canalitzar-lo era fent un treball plàstic. I així, a les classes de plàstica, cada nen i nena va anar fent, amb tota la seva estima, "La flor més bonica per a la Jana".

Vam posar un plafó a l'entrada del centre amb fotos de la Jana i dibuixos fets per ella. Hi havia nens i nenes que no la coneixien i venien a veure-la, altres venien a mirar-la i a estar-s'hi una estona.

Vam preparar una esquela per al diari. No era fàcil expressar tots els sentiments en tan poques paraules.

El regal de la teva dolçor, del teu somriure i de la teva alegria viurà sempre amb nosaltres.
Segueixes el teu camí de la mà de l'avi Alfons.

Alumnes, mestres i famílies del CEIP L'Aulet,
CEIP Celrà i Escola Bressol Trapelles.

Celrà, 21 de març de 2007

Vam organitzar-nos com a centre per poder assistir a l'acte de comiat de la família, que es va celebrar dos dies abans que el nostre.

Aquella setmana vam anar preparant l'acte i cada classe pensava què hi podria aportar.

Vam preparar l'escenari col·locant moquetes a l'amfiteatre i coixins a les grades. Al centre hi vam posar l'escala del teatre, on aniríem deixant els regals per a la Jana i la seva família. Al seu voltant hi vam col·locar totes les flors dibuixades.

Tots els nens i nenes de l'escola, acompanyats de mestres, van anar baixant a l'amfiteatre mentre sonava una música ambiental.

L'amfiteatre de l'escola, un espai del centre sempre viu on es representen les obres de teatre de cada curs, on es fan assemblees i se celebren festes, va ser aquell dia l'escenari per a un acte molt especial que no hauríem volgut viure mai: "Dir adéu a la Jana".

Desenvolupament de l'acte

A l'acte hi van assistir el pare, les tres germanes, cosins i tiets. La mare estava hospitalitzada.

> "Comencem aquest acte de comiat de la Jana. Ahir vam acompanyar nosaltres la família, i avui una part de la família també ens acompanya. Gràcies!
> Rita, Nora, Berta, pare, mare, tiets, cosins i amics, estem i estarem al vostre costat.
> La Jana ens ha deixat molts regals: la seva dolçor, el seu somriure i els seus quatre anys de vida i d'alegria. Nosaltres també hem volgut fer-li regals. Cada nen i nena de l'escola li ha dibuixat 'la flor més bonica per a la Jana', que veieu aquí. I també li hem preparat altres coses per acomiadar-la."

Els regals que va preparar cada curs per a la Jana van ser els següents:

• 6è: Vam fer un minut de silenci mentre sonava Imagine, de John Lennon. En acabar, els nens i nenes van dedicar frases molt sentides de condol a la família.

"T'estimem molt, sentim molt el que ha passat, molts petons!"
"Jana, sempre et portarem en el nostre cor i a la família ànims, sempre us farem companyia."
"Estem molt tristos, sentim molt el que ha passat."
"Se'ns ha partit el cor, petons de part de tot 6è."
"Ens sap molt de greu, estem molt tristos i sempre estarem amb vosaltres."
"Cada vegada que mirem el cel veiem el teu somriure i et recordem tal com eres."
"Jana, ets única i per a nosaltres sempre seràs especial."
"Perquè mai s'oblidi el teu somriure."
"Estimada Jana, mai t'oblidarem."
"Quan mirem les estrelles, pensarem en tu, Jana."
"La mort és trista i inevitable. Jana, sempre t'estimarem i mai t'oblidarem."
"La vida és molt bonica i encara que l'hagis disfrutat ens en recordarem. Petons, Jana."
"Tothom té dret a viure una llarga vida, però no està a les nostres mans."

"La Jana era una nena petita, alegre i maca. Ens sap greu que ens hagi deixat, però sempre t'estimarem."

"Ens sap molt greu, Jana, sempre et durem al cor i en el record."

• 5è: Cada classe va fer un mural

• 4t: Van cantar "La vall del riu vermell":

"Trobarem a faltar el teu somriure,
dius que ens deixes, te'n vas lluny d'aquí,
però el record de la vall on vas viure
no l'esborra la pols del camí."

• 3r: Van cantar "Tears in heaven" (Llàgrimes al cel), d'Eric Clapton:

"Més enllà de la porta hi ha pau, estic segur.
Sé que ets en pau estels enllà
i que llàgrimes no n'hi ha en el cel."

• 2n: Van llegir el poema "Parlem de tu", de Miquel Martí i Pol:

"Parlem de tu, però no pas amb pena...
I a poc a poc esdevindràs tan nostra
que no caldrà ni que parlem de tu
per recordar-te; a poc a poc seràs
un gest, un mot, un gust, una mirada
que flueix sense dir-lo ni pensar-lo."

• 1r: Van omplir una caixa de petons

• Educació Infantil: Van cantar "Adéu amic":
"Contes, històries plenes de joc,
queden per sempre en el nostre record.
Una abraçada i un petó,
et portarem dins el cor".

• P3, la seva classe, va preparar el seu àlbum i una caixa amb totes les coses que tenia a l'aula.

L'AMPA va repartir roses blanques el dia del comiat de la família i ens va preparar globus blancs per deixar-los anar al final de l'acte de l'escola. L'Eduard, el pare de la Jana, va tallar el fil que unia els globus perquè aquests s'enlairessin.

Adéu, Jana...!!

Carta publicada

Es va publicar aquesta carta al diari El Punt de Girona el 28 de març de 2007 i també va ser llegida a Catalunya Ràdio en el Programa "Eduqueu les criatures", l'1 d'abril.

Regals per a la Jana

Dilluns passat, quan vam arribar a l'escola, ens vam trobar amb la notícia que la Jana de P3, juntament amb el seu avi, havien mort diumenge al vespre en accident de cotxe. Tot el col·lectiu de mestres vam veure la necessitat des de l'inici d'afrontar aquest tema per ajudar tot l'alumnat, però sobretot les seves tres germanes i tres cosins que tenim a l'escola.

Vam posar-nos en contacte amb l'Alba Payàs, del Servei de Suport al Dol de Girona i, en una sessió molt acollidora, ens va oferir recursos molt vàlids i necessaris per tractar aquest tema amb els nens i nenes.

Vam voler fer un acte de comiat com a centre i tota la comunitat educativa ens vam abocar a preparar-li regals. Ha estat la setmana de la Jana. Tots els nens i nenes de l'escola van dibuixar 'La flor més bonica per a la Jana'. Divendres ens vam trobar tots plegats a l'amfiteatre de l'escola i, acompanyats d'una part de la família, li vam oferir cançons, poemes, dibuixos, murals, flors... i molts petons, que vam enviar-li deixant anar globus blancs.

Han estat uns dies plens de tristor, però també de vivències, sensacions i aprenentatges que ens acompanyaran sempre. Hem après a conviure junts en el dolor, a consolar-nos mútuament, a plorar junts. Hem après sobre la vida i la mort i s'han enfortit els vincles que teníem com a comunitat.

Jana, no ens has deixat, estaràs sempre amb nosaltres. Molts petons.

Àngels Miret, directora del CEIP L'Aulet de Celrà
Celrà, 25 de març de 2007

Recordatori per a les famílies

Per tal que totes les famílies estiguessin assabentades de l'acte que havíem fet al centre, vam repartir un recordatori:

23 de març de 2007

Aquesta tarda ens hem trobat tota l'escola per acomiadar-nos de la Jana. Cada curs li ha ofert un regal: una cançó, un poema, un dibuix, una frase, molts petons, globus...

La comunitat educativa de l'Aulet fem costat a tota la família en aquests moments tan tristos.

L'escola pot oferir, a totes les famílies que ho demanin, un material de suport que ens pot ajudar a tots plegats a acompanyar-nos en el dol.

12.2. El comiat d'en Pol

Cinc setmanes després de la mort de la Jana va morir en Pol, que feia 4t. Ell va estar present en el comiat de la Jana, però dies després va empitjorar el seu estat i el dia de Sant Jordi a la tarda va morir, poc després d'haver parlat amb el seu amic Bernat. Tota la comunitat educativa ens enfrontàvem de nou a una altra pèrdua. Ara ja sabíem com gestionar-ho, n'havíem après i el que més vàrem fer va ser plorar, plorar molt. El dolor era molt gran.

Els pares d'en Pol ens van demanar que el comiat fos una festa. Una festa pels anys viscuts d'en Pol. I així el vam voler acomiadar: Celebrant la seva vida.

De la mateixa manera que ho havíem organitzat per assistir al comiat familiar de la Jana, ho vàrem fer pel comiat d'en Pol, amb la diferència que tot l'alumnat de 4t hi volia assistir i vàrem demanar a les famílies la seva autorització i a totes les que poguessin, que els acompanyessin personalment.

Aquella setmana també anàvem preparant l'acte i cada classe pensava què hi podria aportar.

També vàrem preparar una esquela per al diari:

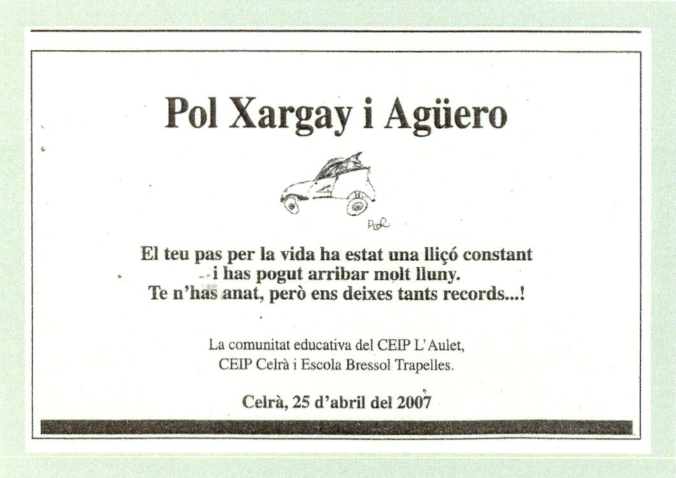

Pol Xargay i Agüero

Pol

El teu pas per la vida ha estat una lliçó constant i has pogut arribar molt lluny. Te n'has anat, però ens deixes tants records...!

La comunitat educativa del CEIP L'Aulet, CEIP Celrà i Escola Bressol Trapelles.

Celrà, 25 d'abril del 2007

Desenvolupament de l'acte

Estàvem ja en plena primavera i feia una tarda assolellada i tranquil·la, així que vam decidir fer el comiat d'en Pol al bosc de l'escola, al pati on tants dies hi havia jugat i estat feliç.

Mentre sonava la música de *La vida és bella*, els nens i les nenes anaven sortint de les aules i es dirigien cap al pati de l'escola. Cada grup tenia un lloc assignat i portaven els seus regals per a en Pol que s'anaven penjant entre els arbres.

Jo, veient com tu somrius,
sóc el nen que ahir vaig ser.
Si jo vetllo pels teus somnis,
la por ja no vindrà i així sabràs
que viure és molt bonic.

Cauen mil llàgrimes al mar.
Tu mai no em veuràs plorar
i és que sols la teva joia
allunya el meu dolor i així jo sé
que viure és molt bonic.

Sí, el meu cor sempre estarà
on estigui el teu cor
si tu no deixes de lluitar.
I mai no perdis la il·lusió,
mai no oblidis que al final
hi haurà un indret per a l'amor.

Tu no deixis de jugar,
no, no deixis de somiar
(mai no deixis de somiar)
que un capvespre la tristesa
de cop ens dirà adéu i així sabràs
que viure és molt bonic.

Que un capvespre la tristesa
de cop ens dirà adéu i així sabràs
que viure és molt bonic.
De cop ens dirà adéu i així sabràs
que viure és molt bonic

"Gràcies, família, per fer-nos companyia. L'Aulet ha tingut el privilegi de tenir un alumne com en Pol, i un pare i una mare com en Lluís i la Nines. Vosaltres ens heu donat les gràcies mil vegades. Heu de pensar que el que hem fet no té cap mèrit, perquè tenir cura d'en Pol ha estat tan fàcil i agradable... Us mereixeu un deu en humanitat, constància i valentia, i sereu sempre, sempre, mare i pare de L'Aulet.

Necessitem i desitgem que seguiu compartint amb nosaltres com heu fet fins ara, col·laborant com heu fet sempre a crear aquests vincles que fan tan fort L'Aulet.

Com que coneixíem bé en Pol i sabíem que el que li agradava molt eren els dracs i els cotxes i tantes altres coses, cada nen i nena de l'escola li ha fet un regal, aquests regals que veieu aquí, penjats, on hi han expressat i abocat els millors sentiments. La Dolors, que va ser la mestra d'en Pol a Educació Infantil, us llegirà ara un text que parla d'un puzle, 'El puzle d'en Pol'. Tots sabeu què és un puzle i aquest conte és perquè entenguem que les nostres vides es formen també amb un munt de peces que anem compartint."

El puzle d'en Pol

Vet aquí una vegada que hi havia un nen a qui van regalar un puzle. Un puzle enorme, d'aquells que costa molt i molt fer i que tenen moltes peces i que ens agrada compartir. El nen va començar a fer-lo amb l'ajuda dels seus pares i germans, però era tan gran que no es podia fer tot de cop, l'anava fent a poc a poc. Quan li venia de gust, i a vegades amb algun amic o familiar, hi posava alguna peça. En alguna ocasió, jugant, algú n'hi amagava alguna per tal que no l'acabés tan de pressa, però sempre hi havia qui li deia: 'Eh! dóna-li la peça, no veus que això no es pot fer!'. Al cap de molt de temps, va arribar a completar-lo, havia quedat tan bonic, estava tan content, que va decidir regalar-lo als seus familiars i amics.

A vegades, els contes ens ajuden a explicar moltes coses que ens costa dir, i la mort és una d'elles. Quan naixem, és com si ens regalessin un gran puzle, un puzle enorme que nosaltres anem construint al nostre ritme, a vegades a poc a poc, i d'altres més de pressa, amb l'ajuda dels familiars, amics... Quan aquest puzle està acabat penso que un deu estar content i llavors se'n va i ens deixa aquest regal per a tots. També a vegades ens podem sentir malament perquè s'ha mort tan de pressa, però és el seu puzle. Ens hem d'enfadar o entristir quan algú l'acaba de fer més aviat que un altre, o potser ens hem d'alegrar per haver-lo aconseguit? En tot cas el que hem de fer és gaudir del que ens han regalat.

A en Pol, el diumenge li faltaven algunes peces per al seu puzle: la rosa vermella, el drac més fantàstic de tots, parlar amb el seu germà, dir adéu als seus companys... Aquestes peces les va anar col·locant el dia de Sant Jordi, l'última va ser parlar amb en Bernat per tal que fes de missatger i ens digués a tots adéu. Un cop acabat el seu puzle, el seu treball, se'n va anar content i ens va deixar a tots el seu regal. A nosaltres, ens queden pendents dues coses: oferir-li els nostres regals i dir-li tots junts, adéu.

Dolors Carrera, mestra d'en Pol a Educació Infantil

"En Pol ens va deixar el dia de Sant Jordi, era un bon dia per dir-nos adéu, ell que estava enamorat dels dracs, i ens preguntem per què. Potser no ho sabrem mai, però els que el coneixíem podem pensar que era perquè els dracs són forts i màgics, viuen en un món on davant del mal sempre guanya el bé, on la simpatia i el bon humor derroten l'odi, l'enveja i el dolor. El nens i nenes de 4t també li han il·lustrat la cançó que veieu aquí penjada, la de "Puff era un drac màgic", que ara li cantarem tots junts."

Puff era un drac màgic
que vivia al fons del mar,
però sol s'avorria molt
i sortia a jugar.
Hi havia un nen petit
que se l'estimava molt;
es trobaven a la platja
tot jugant de sol a sol.
Tots dos van preparar
un viatge molt llarg:
volien anar a veure el món
travessant el mar.

Mentre li cantàvem aquesta cançó, vam deixar anar globus vermells com les roses i verds com els dracs: "Pol t'enviem molts dracs!!"

I si l'atzar et porta lluny
que els dracs et guardin pel camí,
que t'acompanyin els ocells,
que t'acaronin els estels.

Lluís, pare d'en Pol:

Perdre en Pol és un cop molt fort, però no podem estar més tristos perquè tenim el cor ple, ple d'altres coses. Aquestes coses són el vostre carinyo, l'agraïment als mestres, el record de la vostra companyia i sobretot el saber que l'escola, per a ell, era un santuari. Mentre estava malalt, jo només desitjava que pogués tornar, que pogués tornar d'una manera o d'una altra, caminant, sense caminar, o de la manera que fos, però que pogués conservar els seus companys i pogués seguir amb vosaltres molts anys. Per això nosaltres, ara, no podem estar més tristos. També voldria que tot això que porteu ara a dins, quan sigueu grans ho seguiu portant. Aquesta alegria i aquesta manera de ser. Tot això que us estan ensenyant, recordeu-ho bé i quan sigueu persones grans que encara ho porteu a dins.

Nines, mare d'en Pol

Moltes gràcies i segur que en Pol estarà molt content de veure tots els seus amics i companys que li fan aquest acomiadament. I realment, quan he vist el seu cotxe, el tunning, m'he emocionat. Moltíssimes gràcies a tots, un petó ben fort.

La Chelo, que li preparava l'esmorzar alguns matins, ens va explicar:

A en Pol, al matí, li agradava esmorzar un entrepà, però a vegades, sobretot quan no es trobava bé, li costava decidir-se. Jo sempre li feia la mateixa pregunta: 'Pol, què vols per esmorzar', i ell sempre responia el mateix: 'No ho sé'. I jo li anava oferint: 'Vols un entrepà de truita?', 'O millor un de pernil?', 'O millor un got de llet?'. Doncs, d'avui en endavant sempre t'oferiré el mateix: un entrepà ple de petons.

La Fina, la seva vetlladora al centre:

La veritat és que en Pol marxa molt feliç per tot el que li hem donat, que personalment és una mínima part del que hem rebut. Amb això vull dir que hem de gaudir de cada hora, minut, segon del dia, no cal amoïnar-se per si no ens hem acomiadat d'una persona, si en realitat li hem donat tot a cada moment. Siguem tolerants i fem amics, ja que és el més important del món. I en POL és un exemple a seguir. Fins sempre, Pol!

"Volem acabar aquest acte d'una manera dolça, dolça com era en Pol. Mentre anem marxant escoltarem aquesta cançó tan significativa per a la família, la d'"En Pol petit", i els seus companys i companyes de 4t ens oferiran bombolles de sabó, perquè són alegres, dolces, de colors, fràgils alhora, transparents com en Pol, són com petons. Pol, juga amb nosaltres!"

Dies fets d'angoixa
Carrers plens de por
Gent sense esperança
Ciutats sense cor.
Nens petits que creixen
amb el cor glaçat:
Són joguines
que els grans hem trencat.
Ei, Pol Petit!
agafa la guitarra cada nit,
surt al carrer
i canta una cançó.
Canta ben fort
i digues la veritat
sense cap por.
Ei, Pol Petit
També cantaré jo!
Et diran que les guitarres,
et diran que les cançons,
són només per divertir-se
i que no has de buscar raons.
Però no deixis que t'enganyin,
qui diu això no et vol bé.
Cal que sortim a cantar al carrer.

Així vam acabar l'acte de comiat. Els nens i nenes del seu curs van fer un passadís i anaven llançant bombolles de sabó mentre tots els cursos anaven passant. Així, suaument, les podien acariciar entre llàgrimes. Més llàgrimes com més grans eren. Va ser un acte molt emotiu. Ja havíem experimentat la pèrdua de la Jana, sabíem que el dolor seguiria, però que el compartiríem sempre i seguiríem endavant acompanyats sempre del seu record.

Recordatori per a les famílies

També vàrem fer un recordatori per a cada nen i nena. En aquest cas, es va escollir un dibuix d'una alumna de la classe d'en Pol.

13. Testimonis personals

• **Nines Agüero**, mare d'en Pol

I va arribar el final de la vida física del meu fill amb nosaltres i va començar el Dol pròpiament dit, el que s'estava anunciant des de feia molt de temps. La veritat és que si bé en un moment va ser... no sé com definir-ho, com un alleujament a la nostra eterna por. Teníem tanta i tanta por que patís!! Perquè en Pol no havia patit mai, i això era quelcom que no hauríem suportat i que temíem. Al principi va ser estrany, donàvem gràcies perquè, malgrat tot, havia estat com havia estat i feia un dia preciós i a sobre era la diada de Sant Jordi, el dia dels dracs, i en Pol, un nen que dibuixava dracs i ens va deixar el dia de Sant Jordi. Aprofitant això vaig voler donar-li un toc màgic que encara m'acompanya i que em va ajudar i m'ajuda molt en moments difícils. És clar que també dibuixava cotxes i conillets i altres coses, però cal buscar quelcom màgic, quelcom que t'ajudi, en una cosa tan difícil i antinatural, la mort d'un fill!! Jo ho vaig fer així! I per coses de la vida, els dracs m'han anant acompanyant des d'aleshores.

Visc a Banyoles, a davant del carrer Sant Jordi (cosa que vaig veure quan feia sis mesos que hi vivia). També a Banyoles hi ha el Parc de la Draga i moltes més coses relacionades amb els dracs. Molt de simbolisme i màgia, a l'atzar o... potser guiada per la meva voluntat, però màgica i terapèutica per a mi. Hi va haver altres coses. Jo no puc explicar que em va i ens va ajudar en el Dol d'en Pol sense explicar part de la seva vida, perquè tot tenia un significat, més simbolisme. Ja s'havia acabat tot, però ara començava una cosa molt i molt important, el que la gent en diu l'enterro.

De cap de les maneres vam enterrar en Pol, tot al contrari. Li vam fer una festa d'acomiadament exprés!! Sí, perquè en dos dies s'havia de dissenyar tot.

Això va ser de gran ajut. Jo aleshores estava fent un postgrau d'artteràpia. Una il·lusió de feia molt de temps i que la vida em va donar quan més ho necessitava. A partir d'aquell moment, vaig deixar de preocupar-me per moltes coses. Si desitjava una cosa i no la podia tenir, jo mateixa em convencia, i continuo creient-ho, que potser no em convenia... o potser no era el moment... I efectivament, aquest postgrau em va acompanyar en el final d'en Pol i el principi de la vida sense ell. Em va ajudar a canalitzar el dolor. A poder dirigir i dissenyar juntament amb família i amics la festa d'acomiadament d'en Pol. Per descomptat que sense l'ajut dels amics no s'hagués pogut fer, perquè nosaltres dissenyàvem, però ells ho portaven a terme. Està clar que no podíem amb tot!!

Aquesta festa havia de ser ni més ni menys que un abstract de la seva vida. Alegre, intensa, potent, enèrgica i sobretot plena d'AMOR (sempre en majúscules quan parlo del seu AMOR!!) cap a tothom i, per descomptat, d'agraïments cap a totes les persones que havien participat en un projecte de vida tan potent i enriquidor per a tots. Calia treure a tothom la idea de plànyer en Pol. Mai, mai de la vida!!! En Pol va viure!! Puc dir que estic orgullosa d'haver-ho pogut portar a terme amb totes les persones estimades i que ens van acompanyar, i sobretot per haver tingut la força necessària. Perquè us puc assegurar que no va ser gens fàcil, però ell em donava molta força i el fet de poder-ho fer va ser d'un ajut increïble no tan sols per a nosaltres, sinó també per als amics. En aquest acomiadament, com en tot el que acompanyava la vida d'en Pol, hi van estar presents molts simbolismes:

- El seu tàndem, que el va acompanyar i li va permetre passejar tranquil·lament pel poble sense cansar-se.
- Els seus gossos estimats, que el van fer jugar i riure en moments difícils.
- Els seus dracs de paper maixé que feia amb el seu pare.
- Els seus cotxes.
- Els coloms blancs: deixant-los volar, que significava el fet de donar-li permís i gràcies alhora per marxar, el màxim exponent d'AMOR i respecte cap a ell, prescindint dels nostres sentiments.

• La pedra del nínxol: de Silestone blanc amb confeti de coloraines, que significava una vida dolça i alegre com la d'un ocellet.
• La meva rosa de Sant Jordi.
• El penell amb fotos que van confeccionar els germans i cosins.
• El recordatori dissenyat pels germans i tan significatiu, amb la cançó d'"En Pol petit" escrita per la seva germana quan tenia nou anys (els mateixos que tenia ell quan ens va deixar) i en Pol encara no havia nascut.

El fet de posar les cendres del meu fill al nínxol i finalment la festa de l'escola van ser el tancament d'aquest capítol extremadament dur. Però alhora molt important. S'havia complert l'objectiu.

• **Dolors Carrera.** Mestra d'en Pol a Educació Infantil

Estava a l'equip directiu del centre quan van morir d'accident la Jana i, amb pocs dies de diferència, en Pol, que havia estat alumne meu i que patia una malaltia degenerativa.

El dia de Sant Josep ens informen que una de les famílies de l'escola ha tingut un accident. Tot era molt confús.

Algú apuntava que hi havia hagut morts, d'altres deien que es trobaven en estat greu, uns que hi anava tota la família (en aquells moments nosaltres teníem a l'escola les quatre germanes a P4, 1r, 5è i 6è). Tot era neguit i desconcert!

Al cap de poc de saber la notícia va venir una familiar i va confirmar l'accident. Ens va dir que les tres nenes grans no anaven al cotxe, que el pare havia sofert lesions lleus, que la mare estava ingressada, que la nena petita estava en estat molt greu i que l'avi havia mort. Nosaltres vam demanar que ens mantinguessin informades en tot moment.

Les notícies de la petita no eren bones i al cap de poc ens van fer saber que havia mort.

La Jana tenia quatre anys, acabats de fer el mateix cap de setmana. Una nena dolça, que volia passar desapercebuda i que en aquells moments era el centre d'atenció de tota l'escola, de tota la comunitat escolar, de tot el poble.

Aquest fet ens va omplir de tristor, no sabíem com gestionar-ho, què calia fer...

La directora del centre es va posar en contacte amb el Servei de Suport al Dol de Girona, va exposar els fets i ens van donar hora per anar a parlar la mateixa tarda. Ens van suggerir que hi anéssim un grup de mestres, les que tinguessin més relació amb la família i les tutores de les nenes.

L'Alba Payàs ens va atendre molt bé, vam estar parlant una estona i ens va donar moltes pautes que per a nosaltres en aquells moments eren molt difícils, com ara:

- Explicar a tot l'alumnat el que havia passat.
- No tenir por de dir la paraula mort.
- Expressar el dolor, així la motxilla es buidaria.
- Deixar plorar, no buscar estratègies per evadir el plor.
- Muntar una cerimònia de comiat.
- Deixar les seves coses a la classe.
- Posar alguna foto en algun espai comú.
- No tenir por de mostrar la tristesa davant els alumnes.
- Deixar fluir!

L'endemà al matí, abans de començar les classes, es va reunir el claustre per tal de marcar les directrius a seguir.

En principi era necessari informar tot el professorat del que ens havien aconsellat i després calia consensuar l'explicació que es donaria a les classes. Calia tenir present que quatre aules estaven directament implicades, les de les quatre germanes, però calia sumar-hi les tres aules on hi havia els cosins germans.

Les reaccions dels alumnes van ser molt diverses: alguns ploraven, altres abaixaven el cap, altres no deien res, però tots van ser molt respectuosos.

Vam posar a disposició de les famílies un material que ens van passar els de Suport al Dol on figuraven les possibles coses a fer i el que no s'havia de fer per acompanyar millor els seus fills i filles en aquells moments.

Durant el dia es va tornar a reunir el claustre per valorar de quina manera es podia fer el comiat. També es va comentar la necessitat de fer assemblees de classe per tal que els alumnes s'expressessin i acordessin a nivell de grup el que es faria per acomiadar la petita.

Abans de dinar van venir a l'escola les germanes; en saber la notícia tenien necessitat d'estar amb les amigues i companys. Aquests, en veure-les, s'hi van abocar.

Aquells dies ens vam posar sovint en contacte amb el pare.

Es va agafar un dibuix que havia fet la Jana feia poc i es va redactar un petit text per fer l'esquela del diari.

Es va fer un ram de flors i com a base es va utilitzar una de les plantes més emblemàtiques de l'escola: l'alzina.

Es va donar l'opció a les classes afectades i al professorat d'assistir a la cerimònia de comiat que havia preparat la família.

A les classes es van anar fent diferents treballs que es van portar a la cerimònia de comiat, que es va fer a l'amfiteatre de l'escola.

Es va convidar la família a assistir a aquest acte.

A l'aula de P3 s'hi va deixar la taula, la cadira, les fotos, el nom, els treballs..., al seu lloc.

Uns dies després, el pare va tornar la mascota de la classe, que el dia de l'accident la seva filla portava als braços, i va explicar un conte als nens de l'aula.

En una altra ocasió els va llegir un poema. Els nens i nenes escoltaven bocabadats l'explicació i el pare buscava forces on podia per poder estar una estona amb els companys i companyes a l'aula de la seva petita.

Al cap d'un mes, en Pol, que patia una malaltia degenerativa, va tenir una crisi i la diada de Sant Jordi, després de parlar per telèfon amb el seu millor amic, va morir.

En aquells moments semblava impossible que es tornés a repetir un fet com aquell, però sí, estàvem davant d'un altre comiat.

Ens vam tornar a posar en contacte amb el Servei de Suport al Dol i vam tornar a desplegar tot el protocol que havíem fet per acomiadar la Jana.

Com en el cas anterior, es va mantenir una relació molt estreta amb la família.

La participació dels alumnes en la preparació de l'acte al pati de l'escola va ser excel·lent. Ells mateixos van adequar una zona on després de dinar van dibuixar un dels cotxes "tunejats" que sempre dibuixava en Pol. Ho van deixar tot impecable, sense cap fulla i envoltat per nombrosos palets fent un cercle.

En aquesta ocasió els nens i les nenes també es van acomiadar fent un treball plàstic i al final de l'acte vam fer tots bombolles de sabó. La família també va ser-hi present.

També es va creure convenient deixar un testimoniatge del pas de la Jana i en Pol per l'escola, plantant dos rosers al jardí.

• **Bernat**, amic d'en Pol

Han passat ja uns quants anys de la mort del seu amic Pol. En Bernat recorda com va viure aquells dies després de la mort del seu amic.

Què és el primer que et ve al cap quan penses en la tarda del dia de Sant Jordi del 2007?

Vaig arribar a casa i vaig pensar que abans de fer els deures telefonaria a en Pol. Li vaig trucar a l'hospital, la infermera va dir: "No crec que et digui res perquè li costa molt parlar", però en Pol va fer un esforç i va parlar amb mi. Quan va començar a parlar semblava que no tenia forces, però després es va anar animant. I vam estar parlant de l'escola, del dia de Sant Jordi... Li vaig dir que li ensenyaria a fer una manualitat que havíem après. Ell parlava com afònic i amb monosíl·labs, anava dient sí, no...

En Pol em va dir: Adéuuuuu!! Un adéu com si fos... fins la setmana que ve!

Què recordes del moment que t'ho van dir?

Una estona després, jo estava fent els deures i la mare em va dir que havíem de parlar. Em va dir que en Pol s'havia mort i la primera reacció va ser: "No pot ser pas, hi he parlat fa mitja hora!".

En Pol havia estat diverses vegades a l'hospital i sempre havia sortit, Sant Jordi era el seu dia, li agradaven molt els dracs! A la classe pensàvem que s'havia mort en el seu dia preferit.

La meva mare, que treballa a l'hospital, creu que hi ha persones que intueixen que s'han de morir i es van acomiadant. En Pol aquella setmana també ho va fer. Es va anar acomiadant.

Com vas viure la trobada amb la mare i el pare d'en Pol aquella mateixa nit?

Des que em van dir la notícia jo estava en blanc. Al vespre ens va venir a buscar l'Àngels (la directora de l'escola) i amb la meva mare i ella vam anar a casa d'en Pol. Hi havia més gent, tothom plorava, i la gent s'abraçava. Era fosc, la mare d'en Pol se'm va apropar i em va abraçar.

Quan vaig parlar amb ella em va explicar que estava molt contenta que en Pol m'hagués triat a mi per acomiadar-se. Jo li vaig dir que era culpa meva que hagués mort, perquè jo li havia fet perdre moltes forces en parlar amb ell, però la Nines va dir-me que no era culpa meva i que en Pol segur que estava molt content que sigués jo l'última persona amb qui va parlar. Després, en tornar a casa jo pensava en el que m'havia dit la Nines.

Quins records tens de l'endemà, quan vas arribar a l'escola?

L'endemà, en l'arribar a l'escola tothom plorava i tots dèiem que a sobre s'havia mort el dia de Sant Jordi, que era un dia que a ell li agradava molt perquè a en Pol li agradaven molt els dracs. La mestra i la vetlladora d'en Pol ens van explicar a tota la classe que en Pol s'havia mort, que estava molt i molt malalt i que aquesta vegada no ho havia pogut superar.

Recordes si parlàveu entre vosaltres del tema de la mort?

Recordo que hi havia nens i nenes que els pares els hi amagaven, no parlaven d'aquest tema a casa.

Quan feia poc que havia mort entre nosaltres recordàvem els moments dolents, amb el temps anàvem parlant dels moment bons. Com que érem petits cadascú pensava coses diferents sobre la mort i en parlàvem.

Quin record tens del comiat de la família a l'esplanada del cementiri? Com vas viure convertir-te de cop i volta en protagonista de la vida i mort d'en Pol?

No em sentia d'una manera especial. A l'enterrament, quan vaig deixar anar el colom era com si en Pol ja se n'anés per sempre, però no amb pena.

I del comiat que vam fer a l'escola?

Al migdia, abans de dinar, les mestres van fer un cercle gran al mig del bosc. La Laia i jo vam començar a posar pedres i palets al cercle que hi havia marcat a terra. Després se n'hi van acabar afegint molts més. Recordo que vam cantar cançons i vam fer bombolles de sabó.

Com recordes els dies després a l'escola?

Durant uns dies van deixar la taula d'en Pol a la classe, era una taula adaptada per a ell. Nosaltres hi posàvem dibuixos, escrits...

Per què creus que anys després el record segueix tan viu, sobretot entre els seus companys i companyes?

En Pol era amic de tothom. Hi anem gairebé tots cada any, al cementiri. Hi portem coses: flors, dibuixos... Alguns anys ens hem trobat amb els pares. A part, el dia de Sant Jordi, quan és el dia del seu aniversari, també el recordem.

Què en penses, de la mort?

Abans em feia por, i quan era petit pensava que la gent que està connectada a una màquina i vol morir, penso que és millor que morin i no que estiguin patint.

Els cementiris em feien por i en canvi ara, com que hi passem cada dia per davant, no em fa res.

Algú deia que quan una persona es moria tornava a néixer en una altra persona. Jo no ho veig gens clar. Abans m'ho havia plantejat, però com que no se sap... ara no em preocupa. Em preocupa més el tema de patir que el de morir.

I de la incineració recordo que van posar cendres al jardí. No som gaire religiosos i vam trobar normal que fos incinerat.

Hi ha alguna altra cosa que vulguis explicar o que recordis?

Tota l'escola va poder conèixer aquest tema, en vam poder parlar, expressar les emocions en els diferents actes i activitats que vam fer. Veig la mort diferent segons si es mor una persona gran o una de jove.

Després de la mort de la Jana i d'en Pol, vas tenir por que es morís algú més?

A Celrà hi ha una dita que diuen que si mor una persona en moren tres, i després de morir la Jana va morir en Pol i després un home gran.

Després d'en Pol se m'han mort besavis, però he pensat que ja eren grans. Que la gent mori jove és a vegades injust. Però per exemple en Pol estava molt malalt i hauria patit.

Veig bé que recordem el que va passar, perquè pot ajudar a altres.

• **Montse i Àlex**, pares d'en Bernat

Som l'Àlex i la Montse, pares d'en Bernat; teníem trenta-sis i trenta-tres anys quan en Pol va morir, en Bernat en tenia nou i el seu germà Arnau, quatre. Som joves, de ment oberta, però en aquell moment, del dol no en sabíem res. Aquest fet ens marcarà a tots quatre per sempre més.

22 d'abril, en Pol és a l'hospital; en Bernat pregunta per ell: "Quan tornarà?".

El dia 23 al matí rebem un correu de la seva mare on ens dóna el telèfon de l'habitació d'en Pol.

A la tarda, vaig a buscar els nens a l'escola, és Sant Jordi, fa un dia preciós i aprofitarem per comprar algun llibre.

Arribem a casa i el primer que fa en Bernat és trucar al seu amic; parlen, riuen i queden per veure's quan arribi en Pol a Celrà.

Només ha passat mitja hora i rebo una trucada: en Pol ha mort. No m'ho podia creure!!

Com l'hi dic al meu fill?? No sé com fer-ho. Per sort la meva cunyada és a casa, m'ajuda amb l'Arnau i em dóna suport.

Intento dir-li que en Pol ja no hi és, que ens ha deixat; no m'entén, em mira estranyat, ell hi ha parlat fa una estona. Li dic tal com raja: "En Pol s'ha mort".

Deixo passar uns segons i ell s'adona que parlo seriosament. Li recordo que en Pol estava malalt, molt malalt; encara que a ell no l'hi semblava. Poc després, els crits de dolor se senten des del carrer. Jo em trenco, mai no havia sentit el meu fill, ni ningú, cridar d'aquesta manera, i no hi puc fer res, no el puc ajudar. L'Arnau pregunta, plora, vol ser amb nosaltres i no desempara el seu germà.

Arriba l'Àlex de la feina i l'hi expliquem, tinc l'ocasió d'anar sola a la cuina i plorar (desfeta) sense que en Bernat em vegi. Si no sé gestionar el meu dolor, com ho faré per ajudar en Bernat?

Una estona després ve a casa l'Àngels (veïna i directora de l'escola). Quan li han dit que en Pol ha mort després de parlar amb en Bernat, ve a casa per veure com està. En Bernat és al jardí amb el seu germà i la seva tieta. El cridem i li diem: "Ho veus, Bernat, com és veritat?". Tots tres plorem però en Bernat està seriós, encara no es creu la notícia que fa poc li han donat.

Al vespre torna a casa l'Àngels, i amb ella anem a casa d'en Pol. En Lluís i la Nines han arribat de Barcelona, l'abracen i li diuen que estan molt contents que en Pol l'hagi triat a ell, el seu millor amic, per acomiadar-se. En Bernat es relaxa i pregunta a la Nines el que realment l'angoixa: "És culpa meva? Jo l'he fet cansar parlant per telèfon?". En Lluís i la Nines li treuen del cap aquesta idea. Després d'una estona tornem a casa, està molt més tranquil i s'adorm.

El dia 24 anem a l'escola; a la classe els mestres ja els estan esperant, i hi ha nens que encara no ho saben. Els mestres expliquen a totes les aules què ha passat i que en Pol va escollir en Bernat per acomiadar-se de tots.

L'Àlex i jo decidim demanar ajuda a un professional, un psicòleg i psicopedagog infantil, amb el qual comencem a anar uns dies després.

Ell ens dóna consells: ens diu que en Bernat farà moltes preguntes, i hem de contestar tan clar com sigui possible. Ens explica que els nens elaboren el dol més ràpidament que els adults i que tenen una capacitat d'abstreure's molt gran. Hem d'estar alerta que dormi i mengi correctament, i és normal que estigui molt trist.

Es fa la festa de comiat d'en Pol. En Bernat llança uns coloms com a símbol d'alliberar-lo de la malaltia. Aquest dia jo aguanto, l'Àlex es desfà.

Tots tenim ritmes diferents, ara plora un, ara l'altre, però tenim l'Arnau, que ens ajuda a oblidar a estones.

L'educació que hem rebut ens plantejava molts dubtes, com per exemple: era correcte anar a veure els pares quan van arribar a casa? Potser voldrien estar sols? Què fem? Hi anem?

A mesura que passen els dies en Bernat fa cada vegada més preguntes: "Com és que la urna no era rodona?"; "On es compren les urnes?"; "Per què les cendres eren grises i no roses, com el color de la pell d'en Pol?". Jo no hi havia pensat mai, en allò, ni pensava que un nen d'aquella edat s'hi fixés.

Un fet que ens va angoixar va ser que en Bernat, després de la cerimònia de comiat, va començar a parlar agafant el to de veu del seu amic Pol. Van ser només unes frases, però que ens van deixar sorpresos i amoïnats.

Una altra cosa que ens va angoixar bastant va ser que s'adormia agafat al recordatori d'en Pol.

Seguint els valuosos consells del psicopedagog, vam demanar fotos d'en Pol als pares per posar-les a casa: "Quan passin unes setmanes tombes una foto; si ell no està preparat se n'adonarà i la posarà al seu lloc, i si no se n'adona la guardeu en un calaix".

Així doncs, havíem de demanar fotos d'en Pol als pares i no gosàvem: com s'ho prendrien? Era una falta de respecte? Els provocaria més dolor? Tot al contrari, la mare ho trobà ben normal i ens va donar fotos d'en Pol rient, de primers plans, jugant... Allò que semblava que potser els molestaria, va ser ben senzill!! Recordo que li vaig dir: "Gràcies per atendre'ns!". Com si hagués anat a la consulta d'un metge! Va resultar ser una ajuda mútua.

En Bernat estava trist però menjava i dormia bé. Fèiem molt exercici físic, anàvem a caminar, així estava cansat a la nit. Una cosa que li anava molt bé per desfogar-se i treure la seva ràbia era tirar pedres contra una paret en una pedrera.

Va passar el temps, cada setmana anàvem al cementiri a portar dibuixos, legos, pedres de colors, petxines... Des del 2007, cada aniversari de la mort d'en Pol, en Bernat va al cementiri, ara ja amb els amics, i se'n recorda d'ell amb alegria.

L'Àlex i jo vam aprendre moltes coses aquell any: vam aprendre a gestionar el dolor, a sentir-lo i pair-lo junts, però respectant les peculiaritats, edats i temps de gestió de cadascú.

Conclusions

Per comunicar una mort a un nen s'ha de:

- Ser directe i no fer servir metàfores.
- Respectar les manifestacions de dolor.
- Plorar junts i no amagar-se.
- Contestar obertament les seves preguntes.
- Continuar (en la mesura que es pugui) amb les rutines diàries.
- Afrontar qüestions religioses.
- Tenir clar que és un fet que durarà mesos.
- Buscar ajuda si es creu necessari o si es tenen dubtes.

• **Sira Sureda**, alumna de 6è de Primària quan van morir la Jana i en Pol, i amiga de les germanes de la Jana. Alguns anys després va fer un treball de recerca inspirat en el procés viscut a l'escola.

Recordes el moment que vas saber la notícia? Qui t'ho va comunicar?

Sí, ho recordo perfectament. Si no ho recordo malament, era un dilluns. Vam sortir de l'escola com sempre i la meva mare em va venir a buscar perquè havíem d'anar a l'òptica a Girona a buscar les ulleres noves que m'havia comprat. Recordo el viatge de cotxe amb un silenci estrany: jo estava molt emocionada per tenir ulleres noves i la meva mare quasi no deia res. Un cop vam arribar a casa la meva mare ens va dir a mi i a en Joan que anéssim un moment al menjador. Ens va asseure al sofà i recordo que ens ho va explicar. Ens va dir que la Jana, els seus pares i els seus avis havien anat a fer una calçotada i que, mentre tornaven per l'Eix (sempre més m'ha quedat gravada aquesta carretera) havien tingut un accident. Recordo que la primera pregunta va ser "I com estan?", i tot seguit les llàgrimes van omplir els ulls de la meva mare. No feia falta dir res més, les paraules sobraven. Recordo preguntar qui d'ells havia mort, i quan em va dir la Jana, vaig marxar corrents a l'habitació, em vaig posar el coixí del llit a la cara i vaig començar a plorar. En Joan no va entendre gaire què passava, i encara menys en Lluc, però recordo que la meva mare va venir a l'habitació i li vaig demanar que marxés.

Pots identificar les emocions que vas sentir?

No recordo gaire les emocions que vaig sentir en aquell moment però, tal com he explicat, recordo el que vaig fer. Suposo que la pregunta de "I com estan?" era una manera d'intentar evitar fer la pregunta "Qui s'ha mort?", i és que la cara de la meva mare parlava per si sola. Suposo que la reacció d'anar-me'n a l'habitació a plorar era pura ràbia, ràbia i alhora negació que no podia estar passant, que no podia ser veritat. És un dels moments de la meva vida que m'he sentit com en una pel·lícula, com si tot allò que sempre havia sentit o parlat en aquell moment ho hagués viscut.

Recordes el moment en què vares veure les germanes de la Jana? Com vàreu actuar? Què vàreu fer?

Oi tant que ho recordo, no es pot oblidar... Recordo que les germanes de la Jana estaven amb la seva padrina, la Helen, a veure les Falles de València i que, quan va passar l'accident, no eren a casa seva. Recordo que van arribar a l'escola un dia a l'hora de menjador. A mi m'encantaven els nens i als migdies anava al gimnàs a fer-los dormir. Curiosament aquell any feia dormir els de P3, l'edat de la Jana. Aquell migdia vaig anar com de costum a adormir els nens, òbviament afectada, igual que l'Encarni, la monitora. Recordo que quan els nens es van adormir ens vam passar estona mirant l'ànec amb l'esquena lila de la Jana amb el qual dormia, i que encara era al gimnàs. De cop vam veure passar la Nora i la Berta pel pati, i recordo que em vaig quedar gelada. No sabia què fer, només tenia ganes de plorar. Hi havia quelcom en mi que em deia que havia de marxar a veure la Berta, però les cames no em reaccionaven. Llavors tinc un buit de memòria i no recordo res més fins que torno a recordar el moment en què jo i la Mariona finalment vam anar a buscar la Berta. Va ser un moment que no sabria com descriure amb paraules (físicament només d'escriure-ho tinc tota la pell de gallina...). En aquell moment sí que sobraven les paraules, amb una abraçada ho vam dir tot. Llavors recordo un gran silenci quan vam entrar al menjador on hi havia la resta dels nens i nenes menjant, un silenci molt incòmode.

Què és el que més recordes d'aquella setmana en què va morir la Jana?

Recordo moltes llàgrimes. Llàgrimes al pati, als lavabos, al menjador, a les classes, pels passadissos... i llàgrimes de nens, de nenes, de mestres, de pares, de monitors... Recordo que anaves pel pati i trobaves gent plorant o a punt de fer-ho. Recordo sobretot el dia que ja tothom sabia que s'havia mort la Jana. Recordo quan entrava al matí i vaig veure totes les cares de les mestres al pont de ferro amb un dolor inexplicable. Tot i que hi va haver moments en els quals rèiem, i és que això és fonamental, és normal recordar amb llàgrimes, perquè la pèrdua d'una persona sempre t'aporta un dolor molt profund i, moltes vegades, plorant et sembla que aquest dolor pot marxar.

I cinc setmanes després, quan va morir en Pol?

Recordo llàgrimes, però no tantes. Dic que no tantes no perquè la pèrdua signifiqués més o menys que l'anterior sinó perquè crec que, tot i que va ser inesperada, no va ser tan sobtada com l'altra i, a més, ja ho havíem viscut una vegada. Va ser una mort totalment diferent, sense punt de comparació. Recordo que d'entrada em vaig agafar la mort d'en Pol com quelcom molt negatiu, frustrant, però, un cop vam fer el seu comiat i vaig sentir parlar els seus pares i els seus familiars, la visió va canviar. Em vaig adonar que, tot i el dolor per perdre una persona molt estimada, els del seu voltant estaven tranquils que hagués marxat de la manera que ho va fer, sense desitjar-ho de maneres diferents. Em va sobtar molt veure la reacció de la seva mare, la Nines, dient-nos que no havíem d'estar tristos sinó contents, perquè en Pol havia viscut molt i n'havíem d'estar orgullosos. Mai podré oblidar l'abraçada que vaig fer a la Nines després del comiat, de debò que em va ensenyar molt.

Éreu els més grans de l'escola. Pots explicar com ho vivíeu el grup classe? Parlàveu de temes relacionats amb la mort, el dolor, el sofriment...?

Fins al dia que es va morir la Jana no havíem parlat mai de la mort a classe, i si ho havíem fet, havia estat de manera superficial. És per això que quan vam saber la notícia no sabíem què fer ni què pensar. A més, al nostre curs, teníem la Berta a classe. Recordo que el primer dimarts que tothom ja ho sabia, quan vam entrar a les nou del matí la classe estava plena però totalment silenciosa. Recordo que la Rosa, la mestra en aquell moment, va intentar començar la classe parlant sobre el tema. Ens van informar del que havia passat i de què es faria (el que sabia en aquell moment) a l'escola. Recordo que no va poder quasi acabar-ho d'explicar. Plors i més plors. Recordo intentar començar una classe amb el llibre i al cap de no res ja n'hi havia un altre que plorava.

Tu tens dos germans més petits. Recordes com ho van viure ells? En parlàveu a casa amb la família?

Com ja he comentat, en el moment que ens ho van dir la que n'era més conscient era jo. El meu germà mitjà, en Joan, tenia només set anys i en Lluc, el petit, en tenia tres. En Joan no sabia molt què significava això de la mort. És per això que la meva mare li va explicar què era la mort i què significava (que no tornaríem a veure mai més la Jana). Ell plorava perquè els altres també ploràvem i sé que, a la seva manera, també ho patia, però no ho acabava d'entendre tal com era. El petit, en Lluc, era totalment inconscient de què passava. Amb la Jana eren superamics, fins i tot m'atreviria a dir que havien estat xicots (moltes vegades quedaven junts per jugar). Ell no entenia gaire què significava que la Jana s'hagués mort. Ell ho veia com qui va al metge o com qui va de viatge i després torna. Tot i que no feia gaire cas a la meva mare, ella també li va intentar fer entendre què volia dir que la Jana no tornaria, però sense capficar-s'hi. A la taula recordo que se'n va parlar obertament o almenys ens en van donar l'oportunitat. Crec que jo no ho mostrava gaire públicament, en Joan tampoc i en Lluc encara menys. La meva mare es volia fer la forta però, de tant en tant, li saltava alguna llàgrima quan en Joan li feia preguntes i el meu pare, com sempre, tampoc ens mostrava públicament el que realment sentia, tot i que no estava del tot com sempre.

Creus que els actes que es van fer a l'escola us van ajudar a integrar aquestes pèrdues i a expressar les vostres emocions?

Jo considero, i encara més després d'haver tingut l'oportunitat de tornar a veure els comiats, que van estar totalment encertats. Cada un va ser totalment diferent i en tots dos nosaltres (els alumnes) hi vam poder participar. El de la Jana va ser un comiat més trist, i és que el motiu ho valia, una mort sobtada i totalment inesperada d'una nena de tan sols quatre anyets acabats de fer. El fet de fer-lo a l'interior de l'escola, amb el teatre ple de nens i nenes, tots amb un gran respecte, amb la família allà al nostre costat i amb la música que ressonava, mostrava la proximitat i l'afecte que volíeu transmetre cap als familiars, aquesta disponibilitat total d'ajuda en qualsevol cosa que necessitessin. A més, les tres germanes van poder sentir que els fèiem costat i per igual, ja que es van asseure als llocs on els pertocaria del teatre (amb les seves classes). El comiat d'en Pol, en canvi, va ser a l'exterior. Recordo una música tranquil·la, però després unes cançons amb un esperit de lluita i de victòria. Recordo també l'hora abans del comiat (hora de menjador) fent aquell dibuix a terra amb guixos de colors, pedres i fulles. Moments com aquells, en què espontàniament diferents alumnes decideixen fer un gest com aquest, són els que realment demostren que es va fer una feina molt ben feta. Cada un de nosaltres ens vam poder sentir útils en els dos comiats, cosa totalment necessària en aquell moment en què el que menys tens ganes de fer és estar sense fer res, si més no en el meu cas.

L'experiència viscuda t'ha fet canviar les teves creences? Te les havies plantejat abans?

En el moment que vaig viure l'experiència tenia dotze anys. Com ja he dit abans, el dia que la meva mare em va dir que la Jana i l'Alfons (el seu avi) s'havien mort em vaig sentir com en una pel·lícula. És una sensació difícil d'explicar amb paraules. És com si veiessis això que t'està passant a través d'un forat, fent-te creure que no és a tu a qui li està passant sinó que és a una altra persona. Com que tenia dotze anys quasi que no sabia ni què significava la paraula creença. Recordo que, sobretot amb la mort de la Jana, perquè era la primera que patia més propera, em vaig qüestionar moltes vegades on estaria la Jana. A vegades em preguntava si estaria veient allò que estava fent o si hauria vist tot el que havíem patit. Al cel? No creia que em pogués veure des del cel, però sí des d'algun altre lloc o d'alguna altra manera.

Creus que hi ha un abans i un després a nivell personal?

Un rotund SÍ. És possible que en el moment en el qual passa no te n'adonis. Potser en aquell moment té més pes el dolor que sents que no pas l'aprenentatge que en pots arribar a treure. Jo, en aquell moment, no era conscient de tot el que significarien per a mi aquelles dues pèrdues. D'una banda, la de la Jana m'ha ensenyat a veure que realment ningú és aquí de manera permanent i que, per més plans que hagis fet, un dia pots sortir de casa i no tornar-hi a entrar. A més, també m'ha fet veure com pot arribar a afectar a una persona una pèrdua i com pot fer-la canviar (tant positivament com negativament). D'altra banda, la d'en Pol em va mostrar que quan estimes una persona ets capaç de fer el que faci falta per ella. En Pol va ser un nen molt i molt estimat. Estimat pels seus amics, pels seus companys, però sobretot estimat per la seva família. Em va fer veure que has de lluitar fins al final i que no t'has de rendir i que a més, si el camí s'acaba, has d'estar orgullós del que has viscut amb aquella persona i saber-ho valorar igual que també valores la seva pèrdua.

Creus que hi ha vida més enllà de la mort?

Jo crec que després de la mort hi ha alguna cosa. Descarto la idea del cel i l'infern. Considero que ningú és massa bo per anar al cel i ningú és massa dolent per anar a l'infern. El que sí que crec és que després de la mort t'has de sentir tranquil. A vegades, sobretot mentre feia el meu treball de recerca sobre el tema, em venien al cap imatges o records d'en Pol i de la Jana. Durant tot el que va durar l'elaboració del meu treball vaig anar sentint o notant coses que, a la meva manera, em vaig agafar com a mostres de persones que volien que seguís endavant. Jo sempre dic que les casualitats no existeixen, i que el que sí que existeixen són els senyals. Només per posar-ne un exemple, quan anava molt perduda del contingut que volia tractar en el treball de recerca, un dia vaig veure una pila de llibres sobre un contenidor d'escombraries. No sé encara per què, em vaig acostar a mirar-ho (no és res que hagués fet abans, però alguna cosa m'hi va portar). La qüestió és que el primer llibre que vaig trobar deia La mort, i dins hi havia un munt de temes i subtemes que van acabar essent la base del meu treball. Per tant, hi ha vida? No ho sé, però el que sí que sé és que ningú marxa per sempre.

Sis anys després vas fer el projecte de recerca sobre "La por a la mort". Què et va empènyer a fer-ho?

Com ja he mig comentat en la pregunta anterior, tenia claríssim que faria el treball sobre la mort. La pregunta era: i de què parlo concretament del tema de la mort? Jo sempre he estat una persona força inconformista i amb moltes preguntes a fer. El problema és que quan no rebo resposta, les ganes de saber-la augmenten considerablement. En el tema de la mort hi ha poques preguntes que tinguin resposta o, moltes vegades, és difícil que te'n donin. El meu objectiu, per tant, era poder-me fer totes les preguntes que sempre m'havia fet des de la mort de la Jana i d'en Pol i, amb l'ajuda de llibres, contactes i persones, intentar respondre-les. Aquest va ser el principal motiu pel qual vaig començar el treball. No obstant això, un cop acabat em vaig adonar que, inconscientment, ho havia fet per un altre motiu: poder parlar altre cop sobre el tema i intentar treure'n informació, sense tabús ni paraules prohibides. Un cop acabat, el treball em va servir com una "teràpia" on em vaig poder desfogar i on vaig veure que molts dels sentiments que aquell dia vaig sentir són també compartits i bons.

Finalment, tu tens por de la mort?

Jo no ho consideraria por sinó respecte. D'entrada penso que no pots opinar d'una cosa que no en saps quasi res. Per als humans la mort és un tema força fosc, borrós. Sabem com actua però no sabem ni l'abans ni el després d'ella. És per això que, davant una cosa que no en sé quasi res, no puc tenir por. Considero que viure amb la por al cos per si et pots morir, és inútil. Des del dia que naixem sabem que, tard o d'hora, algun dia morirem. És el cicle de la vida: neixes, creixes i mors. Ara bé, també se sap que no és fàcil d'acceptar. De la mort, per tant, no tinc por. Del que sí que tinc por és de perdre aquelles persones que tant m'estimo. Tinc por d'aixecar-me un dia qualsevol i que, de sobte, em diguin que no tornaré a veure mai més la meva mare, el meu pare, els meus germans..., això és el que realment em fa por, perdre'ls. Ara bé, la mort em fa respecte. Respecte perquè és una cosa molt poderosa que, en un instant, pot fer marxar una persona per sempre. Però, com ja he dit, li tinc respecte però l'accepto (a vegades costa més o costa menys) perquè és part del cicle de la vida, i s'ha d'acceptar.

• **Anna Perramon**, tutora de l'Andrea de P4 de l'Escola Pi Verd de Palafrugell (febrer del 2013)

A tu, Andrea
Dijous Llarder, a punt de tenir un cap de setmana llarg. Ho celebrem amb els nens i nenes al gimnàs, un lloc on anem poc sovint. Hi ha música i saltem i ballem, és d'aquells moments en què jo sóc una més d'ells.
A les cinc, quan acabo de donar la darrera nena de la classe, ve la Marta i em diu que no hi ets.
Ja ho sé que no hi ets, sé que et trobaves malament i al matí tampoc has vingut.
La Marta insisteix en què no hi ets. Que l'han perdut els pares? No entenc res fins que no em diu la paraula, la maleïda paraula que costa tant de pronunciar i tant d'escoltar.
Mort??? Per què? Per què? Mil perquès em vénen al cap, crido i no m'ho crec. No pot ser!!!!! Si ahir encara hi eres i et vaig fer un petó abans de marxar!!!!!
A partir d'aquí llàgrimes i més llàgrimes, necessito sentir que tot ha estat un error i un gran espant.
Anem corrent on ets i veig els teus papes, que dius tu, i estan desfets. Només les llàgrimes omplen el silenci.
Et vull escriure una cosa per dir-te que et trobarem a faltar i t'imagino a la classe mentre pintaves, mentre anaves al teu racó preferit...
Ningú ens traurà els bons moments compartits: les sortides i excursions, la fila per anar al pati, la rotllana al matí, el moment de l'esmorzar, la visita a l'avellaner, les abraçades i els petons...
Ningú ens ho traurà, Andrea, ningú!
T'estimem,

LES AVELLANES

Andrea,
Les teves mans brutes de pintura.
Els teus castells de sorra al pati,
una sorra que tu i la Berta convertíeu en pluja.
La teva cueta panotxa.
Les teves rialles espontànies.

El teu racó preferit, els puzles.
El teu color, el rosa.
El teu joc, jugar a ser princesa.
La teva lletra, la A.
La teva fruita, l'avellana.

Uns dies després...

Andrea, a la classe t'hem recordat, t'hem pintat, hem parlat de tu, t'hem plorat, hem posat fotos teves, t'hem fet un racó durant uns dies perquè tothom pugui posar-hi el que cregui que t'agradaria tenir: les teves fitxes, la teva avellana, el teu got, la teva bata, una pedra lila, avellanes, pedretes del pati, una estrella... T'hem tornat a tenir entre nosaltres encara que sigui amb els pensaments.

Preguntes i més preguntes que em fan les Avellanes i que no sé com respondre: "On ets? On ets?". Ets dins el nostre cor, això ho tenim clar i ens ajuda a portar aquesta pena tan grossa. Algunes Avellanes es consolen pensant que estàs al cel amb els seus avis.

Foto Lourdes Ruiz

PER QUÈ? No hi ha perquès. No n'hi ha.

Al pati de l'escola plantem un avellaner, el teu avellaner, Andrea, i cadascú de la classe tira una avellana dins el forat on ha d'anar plantat. També ve l'avi, el papa, la mama i la tata, com dius tu. Cantem una cançó preciosa sobre l'amistat mentre continuen vessant-se unes llàgrimes que van regant el teu arbre i et mirem cada dia quan entrem a l'escola. I et tenim..., encara et continuem tenint entre nosaltres, dins el cor de cadascú, dins el cor de cada avellana.

Sònia Artacho de Gea i Teresa Díez Roca.
CEE Els Àngels, Palamós

Dir adéu...

Una escola, un munt d'emocions, persones entrant i sortint, nens i nenes carregats amb unes maletes molt especials, famílies acostumades a lluitar per tot i en tot moment. Aquest munt d'elements formen part dels Àngels, i participar en aquesta comunitat suposa estar preparat per afrontar un munt de reptes que van sorgint dia a dia. Quan hi arribes a treballar et proposes ser bona professional, adaptar-te a les necessitats de cada alumne/a, assolir estratègies per aplicar en qualsevol cas... En cap moment, però, et planteges estar preparada per afrontar el dol, i amb el temps t'adones que és un aspecte més amb el qual s'ha de conviure en aquesta escola.

En un primer moment només parlem del dol que vivim quan un/a alumne/a marxa del centre, després de passar-hi uns quinze anys i perdre els lligams tan intensos que hem construït amb ell/a i la seva família. Cal acollir-los i ajudar-los en aquest procés perquè... i després dels Àngels, què? Noves incògnites, nous dubtes, un nou futur, un món d'adults. Què els espera fora d'aquesta escola on han trobat seguretat i tranquil·litat?

Però amb el temps t'adones que no és aquest l'únic adéu que has d'aprendre a gestionar al centre. Un alumne ens deixa... es mor, l'escola s'omple de silencis, de mirades baixes, de llàgrimes, de paraules sense consol, de pena, d'un no saber què fer, on anar, com actuar, com ajudar els altres, a si mateix i la família. Una soledat que costa d'explicar. No ens hem preparat per aprendre a viure amb la mort, paraula tabú i temuda per molts. Ser mestra no ens fa diferents, no ens havíem plantejat que hauríem d'acomiadar alguns alumnes.

La primera vegada va ser molt dur, no estàvem preparades nosaltres ni tampoc l'escola. Com acompanyar la família, com acompanyar les professionals més implicades, els altres alumnes, nosaltres mateixes... Senzillament es va deixar passar el temps, ja no se'n va parlar, però dins nostre va quedar un buit molt gran i una sensació de no haver resolt alguna cosa.

Malauradament, les pèrdues d'alumnes es van incrementar amb els anys, i van anar deixant una petjada roent en la majoria de famílies i professionals. Va arribar un any crític, l'any on ens van deixar tres alumnes i vam sentir la necessitat d'aprendre a gestionar les emocions que envolten la mort; havíem de poder acomiadar i tancar els dols per poder donar pas al dia a dia i seguir treballant per l'autonomia de la resta d'alumnes.

Tenint present el nostre paper com a membres d'un equip directiu necessitàvem ajuda per poder gestionar el que passava al centre, tenint cura de les pròpies emocions i de tota la comunitat educativa.

Aquest aprenentatge va ser dels més durs que vam fer com a professionals, però són moltes les persones que ens van ajudar, que ens van fer veure com poder acompanyar les famílies, els alumnes, el claustre sencer, essent allà quan feia falta, escoltant a qui ho necessitava, parlant quan es feia necessari, sense guardar res dins. Petons, dibuixos, paraules, abraçades, acostaments, mirades, tot formava part d'aquest acompanyament.

Vam trobar forces per fer un comiat als tres alumnes, conjuntament tota l'escola, un munt de globus volant pel cel amb missatges carregats d'emocions i estimació. En aquest moment vam créixer com a escola, i vam ser més fortes per poder afrontar una altra mort després, tot fent un comiat emotiu, preparant-lo a cada aula amb els alumnes i retrobant-nos tots per oferir un record, cadascú a la seva manera.

Actualment, considerem que hem après a portar més bé el dol, a veure la mort com una part de la vida, a poder-ne parlar amb més naturalitat, a gestionar les emocions que abans deixàvem tancades a dins. No afirmem que ens hem acostumat a la situació, no és cert, els dies passen i les situacions no deixen de sorprendre'ns, però tot el treball ens ha permès poder tenir un passat, ser capaces de mirar les fotos carregades de records i de persones que ja no són entre nosaltres i tornar a caminar dia a dia, amb naturalitat.

Costa dir adéu, però cal fer aquest aprenentatge per poder tirar endavant amb la vida.

Foto CEE Els Àngels de Palamós

UN EXEMPLE

14. Infants plens de vida

Fragments del documental Pensant en els altres (Children full of life, Nova York, 2003). Un exemple senzill, emotiu i commovedor de com un mestre afronta la mort a l'aula amb el seu alumnat.

Veniu al mar,
prepareu-vos per caminar cara al vent,
per escoltar el que diu el cargol de mar.
Parpelles per tancar la foscor,
ulls per comptar les partícules de la pols d'estels.
Mans dolces per eixugar les llàgrimes...
Prepareu-vos i sigueu feliços des del fons del cor.
(Lletra de la cançó del documental)

Així comença el documental gravat en una classe de 4t durant un curs escolar en una escola d'un poble del Japó:

Són nens,
tenen la vida davant seu.
A poc a poc, però amb pas segur,
enfilen el camí cap a la maduresa.
Plens d'energia, plens d'amor...
Són nens, un torrent de vida.

A l'aula d'aquesta escola es viuen durant el curs diferents pèrdues, i el documental mostra com el mestre Toshiro Kanamori tracta amb una gran sensibilitat, tendresa i humanitat els seus alumnes, sobretot en els moments en què entren en dolor. És un exemple a seguir: escoltar, respectar, deixar fluir, validar, donar temps, abraçar...

Mestre: *Què serà el més important d'aquest curs?*
Nens: *Ser feliç!*
Mestre: *Per què som aquí?*
Nens: *Per ser feliços!*
Mestre: *Per ser feliços! Si ho creieu de veritat, digueu "OK"*
Nens: *OK!*

L'objectiu del curs és entendre quina és la clau per ser feliç. Aprendre a pensar en els altres de debò. La classe del mestre Kanamori manté una tradició important: cada dia tres alumnes llegiran en veu alta les cartes que han escrit als seus companys de classe. En aquestes cartes de la llibreta —es diuen així perquè estan escrites en una llibreta— queden registrats els pensaments d'aquests nens i nenes de deu anys: alegria, irritació, fermesa, gratitud… A les cartes els alumnes poden explicar les coses més importants que pensen. Un alumne, en Ren, torna a l'escola després de quatre dies de no anar-hi. No hi anava perquè s'havia mort la seva àvia. A la llibreta, en Ren explica per escrit el funeral:

Ren: *Diumenge, 21. Em van fer pujar a dalt. L'àvia era morta. Semblava que dormís però era morta. Quan va ser l'hora d'emportar-se-la, vam posar flors sobre la caixa. A mi em queien les llàgrimes. Tothom plorava.*
Vam anar al crematori amb autobús. Al cap d'una hora, l'àvia va quedar convertida en un munt d'ossos. L'àvia ja no hi era. Jo estava trist.

Després d'escoltar la carta, altres alumnes expliquen els sentiments que la carta els ha provocat. És una oportunitat perquè els alumnes comparteixin les seves experiències sobre la mort d'una persona estimada:

Nen: *La meva àvia estava plena de càncer. Tenia càncer per tot arreu i es va morir. Me'n recordo i per això sé com es devia sentir el Ren.*
Nena: *La vigília del meu aniversari, el meu avi es va morir mentre dormia. Jo no li vaig poder veure la cara [es posa a plorar].*

Una nena es posa a parlar d'un tema que fa anys que portava amagat:

Nena: *Quan tenia tres anys el meu pare es va morir. Jo volia escriure sobre això a la classe, però no podia. Encara que quan es va morir el pare només tenia tres anys, jo vaig saber que la gent es moria.*
Jo no podia parar de plorar. No podia parlar per telèfon. Quan he sentit aquesta carta m'he posat molt trista.

La nena no havia parlat mai del seu pare, perquè no volia que els seus companys de classe pensessin que era diferent d'ells. Un clima de solidaritat envaeix la classe i ha permès a la nena explicar el dolor que fa tant temps que amagava. El mestre l'abraça i li reconeix el dolor:

Mestre: *Avui la Mifuyu ens ha explicat què li va passar. És difícil guardar una cosa amagada. Oi que sí, Mifuyu? Per això jo tenia ganes que parlés del seu pare. Sabia que estaria més tranquil·la quan n'hagués parlat. La carta del Ren li ha donat l'empenta per fer-ho.*

Tothom intenta entendre la tristesa i el sofriment de la seva amiga. Molts ploren i es consolen entre ells.

Un dels nens més moguts de la classe se n'ha anat al lavabo a plorar. El record de la mort de la seva àvia també ha fet que quedés aclaparat pel dolor. El mestre el va a buscar i mentre l'abraça li diu:

No ploris en aquest lloc tan pudent, home! T'ho ha fet recordar, oi? Això és bo, està molt bé.

El mestre explica:

L'empatia és el més important. Hi ha una expressió que m'agrada molt, "Deixa que la gent visqui en el teu cor". N'hi cap tanta com vulguis. Ells expliquen les seves coses i els altres comparteixen els seus sentiments. Quan la gent t'escolta de debò, viu per sempre en el teu cor. Aquí rau la gran importància d'aquestes "cartes de la llibreta".

Un dia, quan ja fa temps que la Mifuyu havia emocionat a tots parlant del seu pare, la nena porta un dibuix a la classe. El seu pare era dissenyador i ella porta un projecte que el seu pare havia fet per a una desfilada. Va ser l'últim esbós que va fer abans de morir.

Nens: *Ho va fer ell? Que bonic!*
Mifuyu: *Quan vam fer la desfilada on va sortir aquesta carrossa, el meu pare ja s'havia mort. La mare la volia veure, però al final li va fer massa por anar-hi.*

Els nens i nenes l'aplaudeixen i ella se sent molt satisfeta. Tots els companys es mostren molt receptius als records que ella explica del seu pare. Per fi, la Mifuyu pot parlar d'ell amb un somriure als llavis.

Avançat el curs, un dia passa una tragèdia:

Mestre: *Escolteu-me tots, si us plau. Ara us explicaré una cosa molt important. Per tant, pareu atenció: avui no ha vingut el Tsubasa. Encara no us en puc donar gaires detalls, però el seu pare s'ha mort de sobte aquest matí. L'han trobat mort al llit. Segurament s'ha mort mentre dormia ("Igual que el meu", diu la Mifuyu).*
La Mifuyu ja ho ha dit: "Igual que el seu". El seu pare es va morir quan ella tenia tres anys. No voldria que això passés a ningú més, però en la vida no hi ha res segur, ningú no ens pot prometre res segur. Per això és tan important pensar en la vida. Vull que animeu el Tsubasa.

Com el podem animar? Una tragèdia com aquesta és massa forta per a uns nens i nenes de deu anys.

Nen: *Ho deu passar molt malament. Farem tot el que puguem per ajudar-lo.*
Mestre: *És difícil, oi?*
Nen: *Sí.*

Sortint de l'escola, uns companys li porten llaminadures, els costa triar-les i n'hi compren moltes. Diuen que en Tsubasa els ha donat les gràcies.

Cada alumne de la classe escriu una carta per animar en Tsubasa. Quan han passat quatre dies de la mort del pare arriba a la classe. El reben tots: "Quina alegria!". També entra a la classe la seva mare, que s'emociona i plora: "Us vull donar les gràcies per animar el Tsubasa". El mestre li dóna totes les cartes que han escrit els companys de la classe per intentar animar-lo. L'endemà no anirà a l'escola i així podrà llegir les cartes a casa. Són cartes per donar ànims, dedicades al Tsubasa. Cadascú ha escrit la seva tan bé com ha pogut.

"T'has quedat sense pare i sense aquella manera alegre que tenia de dir el teu nom. Quan hi penso, ploro. Nosaltres no ho podem arreglar, però si podem fer alguna cosa per ajudar-te, diga'ns-ho".
La Mifuyu escriu: "Estimat Tsubasa, suposo que encara pateixes molt per la mort del teu pare, però algun dia ens ho podràs explicar. Ara has de continuar vivint. Fes-ho pel teu pare, no vulguis anar de pressa, vés fent tranquil·lament".

Cap a final de curs els nens i nenes busquen idees per celebrar el comiat. Un nen explica la idea que ha tingut als companys:

"Hem pensat d'escriure una carta. Una carta al pare del Tsubasa per explicar-li com està, per dir-li que està molt animat i que és molt bon amic. Jo li voldria dir això".

Arriba el dia de la festa de comiat i tots els alumnes de 4t A surten corrent al pati. Han passat dos anys junts i per celebrar-ho en faran una de grossa i escriuran una carta gegant a la llibreta gegant per als pares de la Mifuyu i en Tsubasa. Escriuen el seu missatge sobre la sorra compactada. Cada nen escriu un caràcter i finalment acaben la carta. Els caràcters gegants han quedat ben gravats a terra i són tan grossos que els podran llegir des del cel i tot. Tots la reciten en veu alta:

> "Pare de la Mifuyu i pare d'en Tsubasa: els vostres fills estan bé. Nosaltres sempre estem amb ells. Per tant, no patiu".

Arriba el darrer dia de classe. Després de dos anys junts, els alumnes d'aquesta classe se separaran. El mestre escriu a la pissarra la mateixa paraula de sempre, "Lligams":

> "Durant aquests dos anys hem intentat crear uns lligams. Vosaltres heu fet un esforç perquè els altres us entenguessin i per entendre els altres. Tots hem fet un esforç mutu de comprensió. A mi no m'agrada recordar sempre el passat, però en els moments difícils els meus amics sempre m'han fet costat. Aquest pensament us ha d'ajudar. Penseu en les coses que hem fet junts durant aquests dos anys. Tots hem fet el que hem pogut per intentar entendre el significat de la vida. Podem estar-ne ben orgullosos".

Riure, plorar, aprendre. Ara, els trenta-cinc alumnes entenen que els lligams d'amistat es creen pensant en els sentiments dels altres. Aprendre a pensar en els altres els ha ensenyat quina és la clau de la felicitat.

...juga a perdre la por i escriu a qualsevol
paret de casa teva tots els noms que han omplert
de llum la teva vida, per dir-los un a un
i no sentir-te mai ni abandonat ni sol.

Miquel Martí i Pol, "El parany"

Bibliografia

AGUSTÍ, ANNA M.; ESQUERDA, MONTSE. *El nen i la mort.* Pagès Editors, 2010.

ALSINA, GEMMA; PADILLA, GLÒRIA. "Els centres docents davant d'un succés traumàtic. Eines per a equips directius i professorat". Revista Guix, nº 341.

BALLESTEROS, NEUS; TÀPIA, IVAN; SITKO, EWA; VICTORI, XEVI. *El camí d'en Dan i El camí de la Lua. Dos contes per parlar de la mort de la mare o el pare respectivament.* Aves, 2014.

CARMELO, ANJI. *Deixa'm plorar. Un suport en la pèrdua.* Tarannà, 2007.

CARMELO, ANJI. *El buen duelo. Amor y resiliència.* Plataforma Actual, 2011.

CARMELO, ANJI. *¿Qué me pasa? Pequeñas grandes pérdidas de la vida.* Tarannà, 2014.

CASTRO, MERCÈ. *Volver a vivir. Diario del primer año después de la muerte de un hijo.* RBA Libros, 2015

CASTRO, MERCÈ. *Palabras que consuelan.* Plataforma, 2013

FERNÁNDEZ, ITZIAR. *El Joan ha mort. Conte i guia per acompanyar els nens i els adolescents en el dol i la comprensió de la mort.* Pagès Editors, 2013.

GENERALITAT DE CATALUNYA. *Guia per al respecte a la diversitat de creences als centres educatius de Catalunya.* Col·lecció "Guies sobre la Diversitat Religiosa", 1. 2015

KROEN, WILLIAM C. *Cómo ayudar a los niños a afrontar la pérdida de un ser querido. Un manual para adultos.* Oniro, 2002.

KÜBLER-ROSS, ELISABETH. *Els nens i la mort.* Luciérnaga, 1992.

LABBÉ, BRIGITTE; PUECH, MICHEL. *La vida i la mort.* Cruïlla, 2001.

LACASTA REVERTER, M. ANTÒNIA; NOVELLAS AGUIRRE, ANNA. *Guia per a familiars i adolescents en dol*. Alfinlibros, 2007.

NOLLA CASALS, ANNA. *Del viure i del morir. Propostes per acostar-nos a l'experiència de la finitud*. Rosa Sensat, 2008.

PLAXATS, M. A.; POCH, C. "Els infants també parlen de la pèrdua, el sofriment i la mort". Revista *Infància*, 104, p. 33-37.

PAYÀS PUIGARNAU, ALBA. *Las tareas del duelo. Psicoterapia de duelo desde un modelo integrativo-relacional*. Paidós, 2010.

PAYÀS PUIGARNAU, ALBA. *El mensaje de las lágrimas*. Paidós Divulgación, 2014.

POCH I AVELLÁN, CONCEPCIÓ. *De la vida i de la mort. Recursos per a la família i l'escola*. Claret, 2006.

POCH I AVELLÁN, CONCEPCIÓ; HERRERO, OLGA. *La muerte y el duelo en el contexto educativo. Reflexiones, testimonios y actividades*. Paidós, 2003.

PUYANÉ, MERITXELL; SABANÉS, ARANTXA. *En la vida i en la mort. Com acompanyar en el procés de dol els nens i els adolescents*. Col. Créixer. Publicacions de l'Abadia de Montserrat, 2016.

RAMOS ÁLVAREZ, R. (coord.). *Las estrellas fugaces no conceden deseos. Programa de prevención, evaluación e intervención por duelo en el contexto escolar*. Manual. TEA Ediciones, 2009.

RODIL GAVALA, VALENTÍN. *Los ritos y el duelo. Vivir tras la pérdida*. Sal Terrae, 2013.

SERRA, XUSA. *I jo també em moriré? Com es pot ajudar els infants i els joves a conviure amb la pèrdua i la mort de qui estimen*. Columna, 2014.

TORRALBA, FRANCESC. *Planta cara a la mort*. Ara llibres, 2008.

Adreces d'interès

Grup Dol Estel
CAP Santa Clara
C/ Santa Clara 33-35
17001 Girona
Tel. 608408647
contacte@grupdolestel.org
www.grupdolestel.org

XADOL: Xarxa d'Atenció al Dol
Centre Cívic Sta. Eugènia / Espai Marfà
c/ de Baix, 2
17006 Girona
Tel. 972 245 111
infoxadol@gmail.com
www.xadol.cat

Renéixer Girona
http://www.reneixer-girona.org/

Grups d'Acompanyament al dol
Tel. 649 343574
grupdol.lleida@gmail.com
http://www.dol-lleida.org/

Servei de Suport al Dol de Ponent
Avinguda Blondel, 17, entresol 2a
Lleida
Tel. 973 501 503 / 639 610 603
info@serveidedolponent.org
www.serveidedolponent.org

Acompanya Ca n'Eva
Tel. 646126665
acompanyafundacio@acompanyafundacio.org

Servei d'Acompanyament en el Dol
Tel. 635534236 / 93 839 07 85
i 93 876 84 47
Manresa
serveidedol@yahoo.com

AVES
Grups de dol i formació
Av. Diagonal, 512, 1er 2a
08006 Barcelona
Tel.: 93 217 11 50
avesgdol@hotmail.com
www.avesgams.org

IPIR
Institut de Psicoteràpia Integrativa
Relacional
Formació en pèrdues, dol i trauma
Passeig de Sant Joan 124, 5 - 2
08037, Barcelona
Tel. 935 028 083
http://www.ipirduelo.com/

Alfinlibros.com
Llibreria on-line especialitzada
en llibres sobre acompanyament a
malalts, cures paliatives, mort, dol i
altres pèrdues com la separació
i el divorci.

Contacte:
angels.miret@gmail.com
www.angels.cat